聆听耄耋老人的处世格言
品读国学大师的人生哲理

张笑恒 著

季羡林
的16堂国学课

中国财富出版社

图书在版编目(CIP)数据

季羡林的 16 堂国学课 / 张笑恒著.—北京：中国财富出版社,2015.7

ISBN 978-7-5047-5659-6

Ⅰ.①季… Ⅱ.①张… Ⅲ.①国学–中国–文集 Ⅳ.①Z126.27-53

中国版本图书馆 CIP 数据核字(2015)第 079459 号

策划编辑	宋 宇		责任印制	方朋远
责任编辑	于 淼 宋 宇		责任校对	饶莉莉

出版发行　中国财富出版社

社　　址　北京市丰台区南四环西路 188 号 5 区 20 楼　邮政编码　100070

电　　话　010-52227568(发行部)　　010-52227588 转 307(总编室)

　　　　　010-68589540(读者服务部)　010-52227588 转 305(质检部)

网　　址　http://www.cfpress.com.cn

经　　销　新华书店

印　　刷　北京高岭印刷有限公司

书　　号　ISBN 978-7-5047-5659-6/Z·0004

开　　本　710mm×1000mm　1/16　　　版　次　2015 年 7 月第 1 版

印　　张　16.5　　　　　　　　　　　印　次　2016 年 6 月第 2 次印刷

字　　数　229 千字　　　　　　　　　定　价　35.00 元

前言 PREFACE

季羡林，一位影响着一个时代的国学大师，1911年出生于山东临清，2009年在北京逝世，享年98岁。纵观季羡林的一生，从一个出生于偏远山村的穷苦孩子，到人人敬仰的国宝级人物，可谓步步坎坷，却又步步坚韧。季羡林出生后不到两个月，辛亥革命爆发，他的一生历经了诸多变革：清末黑暗年代、军阀混战时期、第二次世界大战、新中国成立、"文化大革命"、改革开放至跨入新世纪，他几乎经历了中国近现代历史的每一次变迁。

季羡林一生翻译著作丰富，堪称鸿儒，他精通英语、德语、梵文、巴利文，能阅俄语、法文，尤精于吐火罗文，是世界上仅有的几位精于此种语言的学者之一。除此之外，他的学术研究还囊括了印度古语言研究、佛教史研究、比较文学研究等八个方面，为中印文化交流、中国文化弘扬以及翻译近乎失传的文字作出了巨大贡献。

此外，季羡林酷爱写作散文，几十年来笔耕不辍。他的散文质朴而又情感深厚，记述了他的祖国、他的母亲、他的人生感悟等方方面面。他的著作被汇编成《季羡林文集》，几百万字的文集融会了他一生的研究成果与心血。

季羡林用他一生的行动完美地诠释了什么是智者，在他身上有知识分子的文气，同样有响当当的骨气。"文化大革命"时期，尽管他多次遭遇打骂、游街的屈辱，他也毫不屈服。而在平反之后，他又毫不犹豫地将那一页屈辱彻底地翻过，只字不提。面对那些曾经伤害过他的人，他心中更是没有丝毫怨气，依旧微笑以待。

对于名利，季羡林向来淡泊处之，甚至在名利主动找上门的时候，他还要将其拒之门外。20世纪90年代初，季羡林被冠以"国学大师""学界泰斗"和"国宝"三项"桂冠"。对此，季羡林在他的《病榻杂记》中力辞这三项"桂冠"，声称要"还自己一个自由身"。

季羡林可以说是吃了一辈子苦,从小忍饥挨饿,成长过程中又与母亲分别多年,留学德国因遭遇第二次世界大战而担惊受怕,晚年又遇"文化大革命"迫害。但季羡林用自己的实际行动告诉我们,做人要自强不息,绝不向生活低头,绝不向坎坷低头;要学会乐天知命,对生活报以巨大的热情。

季羡林对身边的每一个人都很宽容,唯独对自己格外严格。一身洗得发白的中山装已经穿了几十年,每一个见到他的人都不禁感叹:"这是一个国学大师该有的样子吗?"

关于读书,季羡林曾说:"天下第一好事就是读书。"他的书房里满满的都是书籍,从地上一直能堆到接近天花板。季羡林的勤奋是有目共睹的,几十年来,他的书与笔从不离手,即便到了晚年,他也依旧坚持每天凌晨四点起床读书,仿佛读书已成了像氧气一样不可或缺的生命元素。

季羡林不仅在学术上成就斐然,而且在人格上集善、礼、诚、孝等众多中国传统美德于一身,因此,"国学大师"这一称号,可以说他是当之无愧的,而他的一言一行更是值得每一位有识人士细细品读。

本书通过对季羡林先生丰富、复杂的人生经历的探究,通过对其遭遇过的困境和得到过的荣誉的解读,以及对其日常生活的再现,向读者诠释何为人生、何为品德、如何处世以及如何学习,致力于将季羡林先生的人生感悟一一呈现出来,让读者细细领悟。

2006年,季羡林被评选为感动中国十大年度人物,其颁奖词如下:"智者乐,仁者寿,长者随心所欲。曾经的红衣少年,如今的白发先生,留德十年寒窗苦,牛棚杂忆密辛多。心有良知璞玉,笔下道德文章。一介布衣,言有物,行有格,贫贱不移,宠辱不惊。"

就让我们伴着这段简明却又深情的颁奖词,一起走近季羡林。

编 者

2015年1月

目 录
CONTENTS

第一课 恕——己所不欲,勿施于人 …………………………… 001

　1. 推己及人的宽恕之道 ………………………………… 001

　2. 失意委屈之时须隐忍 ………………………………… 004

　3. 原谅别人的过错 ……………………………………… 007

　4. 不计前嫌地帮助别人 ………………………………… 009

　5. 家人有过,宽容以待 ………………………………… 013

第二课 淡——人到无求品自高 ………………………………… 016

　1. 抛却妄念,知足常乐 ………………………………… 016

　2. 不计较个人得失 ……………………………………… 019

　3. 名利于我如浮云 ……………………………………… 022

　4. 陋巷箪食也自在 ……………………………………… 024

　5. 宠辱不惊,去留无意 ………………………………… 027

　6. 不迷物欲,内心逍遥 ………………………………… 030

第三课 朴——无与伦比的人格魅力 …………………………… 034

　1. 没有半点架子和派头 ………………………………… 034

　2. 对人和蔼可亲 ………………………………………… 037

3. 关爱温暖人心 ·· 040

4. 与其练达,不若老实 ·· 042

5. 不遗余力地揄扬后辈 ·· 045

第四课　韧——水之道也是人之道 ···················· 048

1. 天行健,君子以自强不息 ···································· 048

2. 安时顺势,乐天知命 ·· 051

3. 挫折和考验是磨炼自己的机会 ···························· 054

4. 把绊脚石当作垫脚石 ·· 057

5. 学会争气而不是生气 ·· 060

6. 能屈能伸,收放自如 ·· 062

第五课　恭——无为无争,低调谦让 ···················· 065

1. 谦受益,满招损 ·· 065

2. 人贵有自知之明 ·· 068

3. 不自恃过人的天资和才分 ···································· 071

4. 别太把自己当回事儿 ·· 074

5. 保持向别人学习的心态 ······································ 077

第六课　真——抒真情,讲真话 ·························· 080

1. 真诚待人,不弄虚作假 ·· 080

2. 做真实的自己 ·· 083

3. 真性情者皆心存仁爱 ·· 086

4. 对待老朋友"较真" ·· 089

5. 对国家不满也是爱国 ·· 092

第七课 定——沉淀浮躁,潜心修炼 …………………………… 095

　　1. 不急功近利,脚踏实地才有成效 …………………………… 095

　　2. 甘心坐"冷板凳" …………………………………………… 098

　　3. 人生要耐得住寂寞 ………………………………………… 101

　　4. 不患无位,患所以立 ……………………………………… 103

　　5. 欲速则不达 ………………………………………………… 106

　　6. 沉下心来,厚积才能薄发 ………………………………… 109

第八课 静——心态平和,达观进取 …………………………… 113

　　1. 顺应因缘,顺应自然 ……………………………………… 113

　　2. 清静无为则内心澄澈 ……………………………………… 116

　　3. 简单做人,简单生活 ……………………………………… 119

　　4. 淡定冷静,谨慎从事 ……………………………………… 122

　　5. 生活平淡万般滋味 ………………………………………… 124

　　6. 活在当下,坦然生活 ……………………………………… 127

第九课 达——拥有无限的心量 ………………………………… 131

　　1. 静待人生起伏 ……………………………………………… 131

　　2. 福祸无常,泰然处之 ……………………………………… 134

　　3. 人生当有不足 ……………………………………………… 136

　　4. 人生赢在勇于放下 ………………………………………… 139

　　5. 不如意事常八九,常想一二 ……………………………… 141

　　6. 看透生死,悠然自得 ……………………………………… 143

第十课　容——容人就是容己 ································ 146

　1. 对不同的声音,都要心生欢喜 ···················· 146

　2. 严于律己,宽以待人 ··························· 149

　3. 与其挑剔别人,不如充实自己 ···················· 152

　4. 将心比心,推己及人 ··························· 155

　5. 路留一步,味减三分 ··························· 157

第十一课　敬——厚德以载万物 ······················ 160

　1. 不自作聪明,也不把别人当傻瓜 ·················· 160

　2. 一语为重百金轻 ····························· 162

　3. 敬人者人恒敬之 ····························· 165

　4. 对己节俭,对人慷慨 ··························· 168

　5. 君子之道在于礼 ····························· 170

第十二课　勤——人生之路没有捷径 ·················· 173

　1. 业精于勤,荒于嬉 ··························· 173

　2. 幼时定基,少时勤学 ··························· 176

　3. 学海无涯,学无止境 ··························· 179

　4. "只要有一口气,就得干活" ···················· 181

　5. 千万不要让脑筋懒惰 ··························· 183

　6. 工作是第一需要 ····························· 186

第十三课　省——秉持原则,污泥不染 ················ 189

　1. 有良知的学者——坚守良知保全清白 ·············· 189

　2. 君子爱财,取之有道 ··························· 192

　3. 自省拭心心自明 ····························· 195

4. 公德的至高境界是功德 ……………………………………… 198

5. 做个有责任感的知识分子 …………………………………… 200

6. 以言导行,诲人不倦 ………………………………………… 203

7. 为人师表,育教亦育德 ……………………………………… 206

第十四课　爱——执子之手,与子偕老 …………………………… 209

1. 最真挚的爱情是默默相守 …………………………………… 209

2. 幸福婚姻要相敬如宾 ………………………………………… 212

3. 隐忍是和睦家庭的箴言 ……………………………………… 215

4. 百年好合的婚姻要有彼此欣赏的态度 ……………………… 217

5. 糟糠之妻不可弃 ……………………………………………… 220

6. 勿求完美婚姻,学会去发现婚姻的美 ……………………… 222

第十五课　善——与人为善,善莫大焉 …………………………… 225

1. 君子成人之美,不成人之恶 ………………………………… 225

2. 以惠己之心惠人,以责人之心责己 ………………………… 228

3. 高贵,是因为其能善待自己身边的一切 …………………… 231

4. 慈善是道德积累的开端 ……………………………………… 234

5. 小善不弃,小恶不为 ………………………………………… 236

第十六课　孝——心存孝义自感天 ………………………………… 240

1. 百善孝为先 …………………………………………………… 240

2. 行孝宜趁早,莫等人去空悲切 ……………………………… 243

3. 懂得报答养育之恩 …………………………………………… 245

4. 要肯定父母的贡献 …………………………………………… 248

5. 形式上的孝不是真正的孝 …………………………………… 250

第一课

恕——己所不欲，勿施于人

1. 推己及人的宽恕之道

文化大革命之后，季羡林曾多次说："同我一起工作的同事，在这十年浩劫中，有一多半是站在我的对立面，批斗过我，污蔑过我，审讯过我，踢打过我，他们中的许多人好像有点愧悔之意。我认为，这些人都是好同志，同我一样，一时糊涂，蒙了心智，干出了一些不太合乎理性的勾当。世界上没有不犯错误的人，这是大家都承认的一个真理。"

"文化大革命"开始后，季羡林很快就被打为"右派"，抄家、揪斗如同家常便饭。有的时候，一些人甚至故意找他的麻烦，用车链条打他。曾经有两次，他被打得昏迷不醒，人们以为他死了，便用平板车将他推到了太平间。随后，清醒过来的季羡林又自己爬了回去。

季美林在《牛棚杂忆》里记述了一次批斗。他被押上讲台,在黑板上写道:此处是我二十年来经常站的地方,那时候我是系主任,一系之长,是座上宾;今天我是"反革命分子",是阶下囚。

全场"打倒季美林"的呼喊声扑面而来,接着便有人围上来对着他拳打脚踢,季美林记述道:"围攻者中,我看清楚的有学印地语的郑某,学朝鲜语的谷某某,还有学越南语的王某某。前一个能说会道,有'电门'之称,是'老佛爷'麾下的铁杆;后二者则都是彪形大汉。"

显然,季美林是知道谁打了自己的,但在自己被平反,重回教授位置之后,他再记述那段历史却用"某某"来代替。由此可见,季美林对他们选择了宽恕。正如他自己所说,那个年代大家都是悲剧的,他深知被打的痛苦,更何况打他的学生当时还年少。因此,季美林没有选择追究,而是选择了宽恕。

《论语·卫灵公》记载,子贡问曰:"有一言而可以终身行之者乎?"子曰:"其恕乎!己所不欲,勿施于人。"

孔子还说过:"君子有三恕:有国君而不能侍奉,有臣子却要役使,这不是恕;有父母不能孝敬,有儿子却要求他报恩,这也不是恕;有哥哥不能尊敬,有弟弟却要求他顺从,这也不是恕。读书人能明了这三恕的根本意义,就可以算得上行为端正了。"

这就是一种推己及人的辩证法。用最简单的话来说,就是我们不孝顺父母,却希望我们的儿子孝顺自己,又或者说是看到别人不孝顺就反感对方。

"恕",从字面来看,是"如心",就是要以自己的感受推想别人的感受,也就是俗话说的"将心比心"。所谓"恕道",就是推己及人的宽恕之道。也就是说,在替自己着想的同时也要替别人着想;想到我所要的东西的同时,也要想想这东西别人是否也需要,是否比我更需要。

孟子对"恕道"也有过论述："万物皆备于我矣。反身而诚，乐莫大焉。强恕而行，求仁莫近焉。"这句话的意思是说，万物都为我准备好了，通过反省自身而实现真实，没有比这更快乐的事了；努力地按推己及人的恕道去做，没有比这更接近追求仁的道路了。

大禹治水是千古传承的佳话。而在战国时期，有个叫白圭的人，他在跟孟子谈起这件事的时候，夸口说："如果让我来治水，一定能比禹做得更好。我只要把河道疏通，让洪水流到邻近的国家去就行了，那不是省事得多吗？"

孟子很不客气地对他说："你错了！你把邻国作为聚水的地方，邻国不也会受灾吗？若邻国再将洪水倒流回来，岂不会造成更大的灾害。有仁德的人，是不会这样做的。"

春秋晋国时期，有一位狱官名叫李离。他在审理一件案子时，由于听从了下属的一面之词，致使案中人含冤而死。真相大白后，李离准备以死赎罪。

晋文公劝道："官有贵贱，罚有轻重，况且这件案子主要错在下面的办事人员，又不是你的罪过。"

李离说："我平常没有跟下面的人说我们一起来当这个官，拿的俸禄也没有与下面的人一起分享。现在犯了错误，如果将责任推到下面的办事人员身上，我又怎么做得出来。"

他拒绝听从晋文公的劝说，伏剑而死。

要学会"以恕己之心恕人"。仇恨只能带来更多的仇恨，而唯一能消灭仇恨的只有宽恕。凡事多站在对方的角度想一想，即使对方做出了某些伤害我们的事情，我们也要想想他当时处在一个什么样的环境中，是出于无心还是有意。就像季羡林说的，"世上没有不犯错误的人"，只要肯推己及人地宽恕，自然会化干戈为玉帛，及时地化解矛盾。

2. 失意委屈之时须隐忍

在"文化大革命"中,天天讲阶级斗争,无休止的政治运动更是排山倒海。如此想来,季羡林当年如果没有非凡的忍耐力,就一定不会有今天的成就。他很庆幸自己坚持了下来,是隐忍让他一直不放弃,小心低调而行,终于熬过了那一段痛苦的时期。

季羡林的《牛棚杂忆》中这样写道:到了1968年6月18日,我已经被打成了"鬼",并已在黑帮大院中住了一个多月。今年我有资格了,可以被当"鬼"来斗了……拳头打在身上,也没有多少感觉。回到黑帮大院以后,脱下衬衣,才发现自己背上画上了一个大王八,衣襟被捆了起来……

由此可以看出,季羡林老先生在那段时间过着怎样的"非人"生活。然而面对如此苦难的生活,季羡林并没有放弃,更没有得过且过。他当然不想一直被打而不反抗,但是在那个年代,凭他一个文人的力量根本反抗不了什么。所以,季羡林选择了另一条路:隐忍。

季羡林在批斗被打之余,静下心来,偷偷地翻译印度史诗《罗摩衍那》。"文化大革命"后期,季羡林终于得到喘息,他被派到学生宿舍打铃、扫地、收信。从1973年开始,到"文化大革命"结束,每天临出门前,季羡林都在小本上抄几段梵文,值班时偷偷翻译。

勾践亲尝吴王夫差粪便,最后复国成功;韩信忍受胯下之辱,最后跟随刘邦建立大汉;张良一穷二白为老人频繁捡鞋,终得《太公兵法》……这些都是隐忍而发的例子。人在失意委屈的时候,本来就处于劣势一方,若没有一个保身的方法，必然会因遭受别人的倾轧而失去最后的机会。

俗话说"小不忍，则乱大谋"。国学大师南怀瑾认为此话有两层含义，一层含义是说人要学会忍耐，凡事要多包容一点，如果一点小事不能容忍，脾气一来，坏了大事。许多大事失败，常常都是因为不注意小事。另一层含义是说，做事要有忍劲，狠得下来。有时候碰到一件事情，就要立刻做决断，坚忍下来，才能成事，当断不断，以后就会很麻烦。

宋代大文豪苏轼曾指出："君子所取者远，则必有所待；所就者大，则必有所忍。"他又说："汉高祖之所以胜，项籍之所以败者，在能忍与不能忍之间而已矣。"确实，刘邦正因为在项羽的鸿门宴上摆出一副卑躬屈膝、虚心认错的样子，最后才成功活命。

在面对不利于自己的情况时，若只为了争一口气，而做出以卵击石的事情，可能永远都不会再有翻盘的机会。另外，失意之时的隐忍还有更多的意义，譬如反省自己，思忖一下为什么会走到如此地步，是不是自己哪些地方做得不对，并且利用这段隐忍不发的时间充实自己的实力，提高自己的能力，这样才是有用的隐忍。

1356年，朱元璋与天下豪强争夺地盘。当时的朱元璋镇守在小小的应天府，四周都是像陈友谅、张士诚、明玉珍这样的大军阀。朱元璋自知自己的实力最弱，因此，他并没有像前几位那样急着称王称帝，而是"高筑墙，广积粮，缓称王"。结果可想而知，自立为王的军阀们纷纷遭到了元政府的讨伐，实力大减。朱元璋却趁机而起，一扫天下，建立大明。

狄仁杰是位有名的历史人物，他为人聪明，却也经历了颇多坎坷，因此，关于他的传说有很多。

狄仁杰因深得武则天的信任，官居宰相。那时，武承嗣显赫一时，踌躇志满，希望能够接任武则天成为皇帝。同时，武承嗣认为狄仁杰将会成为他登上皇位的障碍。于是,长寿二年(693年)正月,武承嗣勾结酷吏来俊臣诬告狄仁杰等七位大臣谋反,将他们逮捕入狱。

狄仁杰深知来俊臣手段的残酷,自己若是不招认的话,必然要遭受他的折磨。更何况,熟知大唐律法的狄仁杰知道,大唐律例规定:"一问即承反者例得减死。"于是,狄仁杰入狱之后,立刻就招认自己"谋反"。

来俊臣得到满意的口供,就将狄仁杰等收监,待日行刑,不复严备。狄仁杰知道,事到如今,只有自己能够救自己了。于是,他暗地里拆被头帛书冤事,置棉衣中,请狱吏转告家人去其棉。狄仁杰的儿子接到父亲的冤状,便带着它面见武则天。

武则天召狄仁杰等"谋反"的大臣当面询问:"承反何也?"

狄仁杰从容不迫地答曰:"向若不承反,已死于鞭笞也。"

武则天又问:"何为做谢死表?"

答曰:"臣无此表。"

武则天命人拿出谢死表,才搞明白那是一封伪造的表。就这样,狄仁杰凭借自己的智慧死里逃生。

隐忍的目的是厚积之后的薄发。隐忍虽要做到"三年不鸣",但是重要的是能够"一鸣惊人",这样的隐忍才是值得的。当你处于劣势时,隐忍是一种良好的生存策略。并不是所有的问题,单靠据理力争就能够得以解决,有时还要通过时间和积累让问题出现转机,方能迎刃而解。而隐忍就是等待转机的最恰当方式。

3. 原谅别人的过错

季羡林被平反之后，曾经就受迫害一事说过这样的话："如果我真想报复的话，我会有一千种手段，得心应手，且不费吹灰之力。可是我没有这样做，对任何伤害过我的人，我都没有打击报复，给对方穿小鞋，耍大棒。我有爱，有恨，会嫉妒，想报复，我的宽容心肠不比任何人高。可是一动报复之念，我便立即想到，打人者和被打者，同是被害者，只是所处的地位不同而已。正因为有了这些想法，我才没有进行报复。"

季羡林曾经描写过一场文化大革命中的批斗会，但他竟然用了这样看似搞笑的笔调："我现在在被批斗方面好比在老君八卦炉中锻炼过的孙大圣，大世面见得多了，小小不然的我还真看不上眼。这次批斗就是如此。规模不大，口号声不够响，也没有拳打脚踢，只坐了半个喷气式。对我来说，这简直只能算是一个'小品'，很不过瘾，我颇有失望之感……总起来看水平不高……如果要我给这次批斗打一个分数的话，我只能给打二三十分，离及格还有一大截子。"

在季羡林那令人哭笑不得的语气和轻描淡写中，我们可以看出他的胸怀和宽容。他一直都在原谅他人，宽恕伤害。

李白曾写道：人非尧舜，谁能尽善？还有一句话叫做"人非圣贤，孰能无过"。两句话意思其实是一样的，每个人都有犯错误的时候，倘若我们始终一味地执着于别人的错误，那么矛盾和恩怨永远不会化解，而会一直持续下去，这样对我们不会有任何好处！

漏嘴之语，无心之过，都应给予改过的机会。鲁迅有一句名言叫"相逢一笑泯恩仇"，可我们如果没有宽容之心，又哪来的"相逢一笑"呢？即使对方的过错非常严重，只要我们有一颗宽容之心，这些错误也不一定就是不可原谅的。若是因常常记挂着别人的过错，常常怀着报复之心，以至于心理阴暗，这样的后果要比任何过错的损失都要多。

面对错误，我们应该做的是去思考如何将损失最小化，如何进行弥补。给别人一个机会，也是在给自己一个机会，唯原谅才会让这个世界变得更加美好，更加和谐。消除彼此的过错误会，也会让自己心情愉悦。

雨果的小说《悲惨世界》写道：冉·阿让被不公平地判刑入狱。在二十九年的牢狱生涯之后，他变得对世界充满愤慨与仇恨，他决定报复这个社会。出狱后，他找不到栖身之所，卡福汝主教收留了他，热情地招待他住宿。而冉·阿让却在半夜偷走了主教家的银器，后被警察发现，送至主教面前。主教非但没有告发他，反而又送了两个银烛台给他，并对他说："你要答应我，你拿了这些银子，是为了去做一个诚实的人用的。"

晋朝南安人朱冲，自幼品行卓绝，非常好学，喜好清静，为人宽厚、仁义。他家中贫困，以耕地种田为业。有一次，邻居家的牛没有了，便认为朱冲的牛就是他家丢的那头，于是就把朱冲的牛牵回了家。后来，邻居在树林中找到了自己家的牛，他感到非常惭愧，便把牛还给朱冲。结果，朱冲不仅不生气，还邀请对方到家里吃饭，欢庆牛的失而复得。

还有一户人家，总是故意让自家的牛去吃朱冲家的庄稼。朱冲每次都带上自己割的草，然后把牛牵着送回去，没有丝毫怨恨和生气。牛主人非常惭愧，从此以后，再没有那么做了。

朱冲淡泊名利，以农耕为乐，朝廷多次召其为官，都被他拒绝了。朱冲居住的地方靠近少数民族，因为朱冲的过人德行，少数民族的人都对他非常敬仰与尊重，朱冲也以礼乐教化他们。朱冲的德行和教化遍及整个乡里，《晋书》说："路不拾遗，村无凶人，毒虫猛兽皆不为害。"

据司马光的《资治通鉴》记载，武则天时代的宰相娄师德，以仁厚宽恕、恭勤不怠闻名于世，司马光评价他"宽厚清慎，犯而不校"。凤阁侍郎李昭德骂他是乡巴佬，他笑着说："我不当乡巴佬，谁当乡巴佬呢？"当时的名相狄仁杰也瞧不起娄师德，想把他排挤出朝廷，对此他也不计较。后来，武则天告诉狄仁杰："我之所以了解你，正是娄师德向我推荐的。"狄仁杰听后惭愧不已。

有人说，这个世界上最高贵的复仇就是宽容。确实，冤冤相报何时了，别人做了对不起我们的事情，我们若去报复，给对方以伤害，仇恨加深，对方再来伤害我们，结果往往是两败俱伤。而我们若用宽容之心对待别人结果就不一样了，因为宽容可以化解恩怨，化敌为友。当我们伸出友善的手，原谅对方，我们就会得到朋友，何乐而不为呢？

4. 不计前嫌地帮助别人

季羡林曾遭受过很多人的迫害，但他从来没有报复过任何一个人，连嘴上骂一骂都没有过。不仅如此，当对方来找他帮忙的时候，他还会不遗余力地帮，就好像过去的事情从来没有发生过一样。季羡林曾经说："如果你还不能放下过去的恩怨,那么你将永远活在仇恨当中。"

文化大革命期间,季美林当时因气愤不过,凭着自己的一份良知,开始旗帜鲜明地反对北大一位炙手可热的"老佛爷"。结果,他被冠上各种莫须有的罪名,被打成了"反革命",遭到迫害。

其中,有很多季美林曾经的学生也都参与了对他的批斗。之后,季美林从牛棚中被放出来,但仍有很多人对他避而远之,因为谁也不愿意跟"反革命"有所关联。后来,季美林被平反,他不仅恢复了原来的地位,还受到各界人士的推崇。这时,当年曾经参与批斗他的一位学生写了一本20多万字的书稿,想请季美林题名推介。然而这位学生想到曾经对老师做的事情时,心里总是惴惴不安的。

当这位学生怀着忐忑的心情将书稿呈递给季美林时,季美林却非常认真地读完书稿,没有半点怨气和怠慢。季美林觉得此书颇有价值,便欣然题名,而对于当年的事,却丝毫未提。

这位学生得知后,感动得流下眼泪,亲自上门向季美林道歉。季美林却摆摆手,告诉他不用在意过去。

纪伯伦说:"一个伟大的人有两颗心:一颗心流血,一颗心宽容。"每个人都可能会犯错误,如果把别人的错误与伤害一直记挂在心上,就会影响自己的情绪和心智,于人于己都没有好处。

世上的恩恩怨怨、是是非非本来就不一定能说得清楚,如果人人都秉持"有仇不报非君子"的态度,那么恐怕整个世界将会弥漫着浓浓的硝烟味了。既然是"前嫌",那说明事情已经过去了,又何必过于在意呢?伤口已经快要愈合了,我们却还要故意撕开伤疤,让其再次流血,这样做,于人于己没有丝毫的好处。

有的人在面对曾经有过恩怨的人前来求救的时候,不仅冷眼旁观,还会出言讽刺，这样的人不但让人觉得他心胸狭窄，还会使双方的矛盾变得越来越深。春秋时期，若没有齐桓公的不计前嫌，管仲怎么能够励精图治，带领齐国走上霸主之路呢？

做人要不计前嫌，有容人之量。不计前嫌地原谅别人会展现出我们的广阔胸怀，而别人也同样会对我们"报之以李"。

唐朝时期的上官婉儿是上官仪的孙女，当武则天知道上官仪参与废后行动后，便把上官仪与其子一起处斩，上官婉儿和母亲则被充入宫中为婢。上官婉儿一心报仇，14岁那年，她参与太子李贤的倒武政变。政变失败后，太子被废，但上官婉儿则被武则天所赦。武则天一直悉心教导上官婉儿，使她最终成为自己的得力助手。

古人说："高山不辞土壤，才能成其高；大海不择细流，才能成其大。"做人处世也是一样，具有宽大胸襟和容人雅量的人才能成就大事业，才能使众人归心，为己尽力。

建安二年(公元前197年)，屯兵南阳的张绣率部投降曹操。可才过了十几天，张绣又突然反叛，袭击了曹操的兵营。曹操措手不及，被打得大败，他的长子曹昂、侄子曹安民遇害，他最得力的大将典韦战死，而他自己虽然逃得性命，可右臂被箭射伤，所骑的名马"绝影"也被射死。

第二年，张绣又和刘表联合，在安众(今河南省镇平县东南)分兵前后夹攻曹操，使曹操又一次陷入险境。曹操让士兵连夜开挖地道才逃得性命，并用奇兵把张绣打败。

后来，张绣在他的谋士贾诩的劝说下又一次投降曹操。曹操没有计较杀子之仇，盛宴欢迎张绣，还为自己的儿子求得张绣的女儿为妻，拜张绣为扬武将军。后来，张绣在官渡之战和南皮破袁谭有功，先迁破羌将军，后增邑至二千户。

那时候,天下户口减耗严重,十家往往只剩一家,曹操自己的将领封邑都还没有满千户的,却给了张绣最丰厚的封赐。

清代王璟某天夜读时,有个刺客持枪隔窗刺杀他。王璟躲开了,没有被刺中。刺客以为自己在夜里行刺,一定没有人看见,就扬长而去。其实,王璟乘着窗外的月色,已经认出这个人是谁,但他却将秘密保守了30多年,从未向任何人讲起。

后来,王璟做了大官,而那个刺客,却遭人诬陷,锒铛入狱。那人因此急忙求救于王璟,王璟毫无难色,满口答应,为他主持了公道,使他免于一死。

事后,那人要送王璟厚礼,却被王璟谢绝了。王璟笑着对他说:"你那天晚上,要是把我刺死了,现在谁来救你?以后可不要再害人了!"那人痛哭流涕,向他谢罪而去。

在我们跟别人有了不可调和的矛盾,且不知道如何化解时,倘若对方此时恰恰需要帮忙,我们便可利用这一契机来缓和矛盾。帮个忙,然后相视一笑,隔阂也就消除了。这正是不计前嫌的好处,能原谅别人,能帮助别人,必定会收获更多的友谊和快乐。

5. 家人有过,宽容以待

关于家庭,季羡林说:"你可以便装野服,落拓形迹。白天在外面有时不得不戴着的假面具,完全可以甩掉。有时不得不装腔作势,以求得能适应应对进退的所谓礼貌,也统统可以丢开,还你一个本来面目,圆通无碍,纯然真我。天下之乐,宁有过于此者乎? 所有这一切都来自家庭中真正的温馨。"

季羡林还曾说:"同事之间要宽容, 朋友之间要宽容, 家人之间要宽容。无心之语,无谓之争,不要放在心上。"

季羡林是学术界的泰斗,而他的妻子是个"大字不识"的妇人。对于季羡林一辈子搞的种种研究,她根本就不知道是什么、有什么意义,而她似乎也从来没有想知道过。对于这样两个完全不同的人结合在一起,大多数人都认为他们的婚姻肯定不会幸福。然而他们不仅没有因为学识上的差距而分道扬镳,相反,多年以来,他们相敬如宾、相濡以沫,一起度过了一个又一个苦难。季羡林用他65年的婚姻告诉我们,即使没有共同的爱好、共同的语言,只要能相互扶持,也能维持美好的婚姻。

《菜根谭》里说:"家人有过,宽容以待。"有人不禁要问:"面对家人也需要宽容吗?"恰恰是需要的。也许家人与我们太过熟悉,熟悉到连我们自己都觉得苛刻要求对方一些也无关紧要,家人做错了事,我们指责几句也不会伤及感情。其实并非如此,无论是父子、母女,还是夫妻,都需要宽容以对。

季羡林曾写过一篇关于家庭的文章,文中写道:夫妻、父母、子女之间,有时难免有不同的意见,如果一方发点小脾气,你让一让他(她),风暴便可平息。等到他(她)心态平和以后,自己会认错的。此时,如果你也不冷静,火冒三丈,轻则动嘴,重则动手,最终可能告到法庭,宣判离婚,岂不哀哉!父母兄弟姊妹之间,也有同样的情况。结果,一个好端端的家庭,会弄得分崩离析。轻则会影响你暂时的情绪,重则会影响你的生命前途。

胡适先生有一篇著名的文章叫《容忍与自由》,里面写道:十七八年前,我最后一次会见我的母校康奈尔大学的史学大师布尔先生……布尔先生那天谈话很多,有一句话我至今没有忘记。他说:"我年纪越大,越感觉到容忍比自由更重要。"在家庭里面同是如此,家人在一起生活几十年,若不能宽容以待,每日矛盾连连未免伤及感情,最后好好的家庭支离破碎,实在是一种悲剧。

有的时候,家人在犯了错误后,满心期待地等着我们的安慰和鼓励,结果我们却劈头盖脸地将对方一顿痛骂。试想一下,谁的心里会好受呢?时间长了,彼此不免会出现嫌隙,影响感情。

唐朝张公艺,九代同堂,子孙繁众,人财两旺。周围邻居都对这个和谐美满的大家庭交口称赞。

唐高宗李治听说此事后,便前来一探究竟。张公艺说:"我们九世同居,全家有九百多人口共享餐饮,每到吃饭时间以击鼓为令,群坐餐厅,予以内外,男女分别入席,老人在上,晚辈在下,儿童另设桌凳,谦恭礼让,上下仁和,雍睦熏蒸。"

唐高宗想考验一下张公艺治家的本领,便赐给张公艺两个梨子,看他如何处理。张公艺接过梨,让家人用石臼粉碎,入缸注水,鸣鼓集合全家,每人用小匙饮汁一口。这样,全家人就都可以尝到。当李治问张公艺治家的方法时,张公艺写了一百个"忍"字,并详细说明了"百忍"的具体内容:父子不忍失慈孝,兄弟不忍外人欺,妯娌不忍闹分居,婆媳不忍失孝心……

　　宽容应该是对每一个人的,对外人都能宽容忍耐,更何况对亲密无间的家人呢? 相比之下,家人与我们共同生活的时间更长,不可避免的摩擦也就会更多,这个时候更需要宽容对待。

　　家人之间要想相处得好,只要遵循一个最简单的道理即可,那就是要学会宽容和理解。学会宽容,许多恩怨情仇便可以化为过眼烟云;学会理解,许多家庭裂痕便可以弥补;学会宽容,可以增加彼此的感情,让家庭更幸福。

　　古人讲:"修身,齐家,治国,平天下。"由此可见,具备宽容、豁达的品性,才能使家庭和睦、融洽,才能实现"治国"和"平天下"的远大理想。

淡——人到无求品自高

1. 抛却妄念,知足常乐

2001年,90岁高龄的季羡林撰文写道:"社会上总会有一些人,他们不安分守己,癞蛤蟆想吃天鹅肉。这样的人往往要栽大跟头的。对他们来说,'知足常乐'这四个字就成了灵丹妙药。"

季羡林的这句话饱含深意,他这一辈子都在奉行着"知足常乐"这四个字,关于如何取舍自己的欲望,季羡林分辨得很清楚。

季羡林总是穿着一件中山装,脚踏圆口鞋,看起来毫不起眼,外出基本靠走,只有在非常赶时间的时候才骑自行车。即使到了晚年的时候,有人提出要给季羡林配一辆车,他也不答应。

1994年,季羡林代表北大去曼谷参加泰国华侨崇圣大学揭幕庆典。接待方跟季羡林的秘书李铮打招呼,请他帮季羡林添置几套新衣服,因为要觐见泰国国王。李铮说:"季老的脾气你不是不知道,他是不会上街去买衣服的,偷偷买来,又怕不合穿。"到最后,季羡林依然身着中山装,足踏圆口鞋去了泰国。

曾经有学生在饭馆里看见季美林，依旧吃着两个火烧，一碟榨菜，学生感到很惊讶，那个时候的季美林已经是一级教授，每月工资300多元，并且还有很多的稿费，但他依然生活俭朴。

有人不禁要问："是季美林抠门不舍得花钱吗？"其实不是的。早在20世纪60年代，季美林就曾拿出1000多元为村里买书办图书馆，后来的捐赠更是数不胜数。他只是对自己的生活有一个基本限度的要求，吃着火烧，穿着中山装，也挺知足的。

《老子》中说："祸莫大于不知足，咎莫大于欲得，故知足之足常足矣。"不知足往往要产生妄念，所谓妄念就是不计后果不知停手地想要得到，一旦得到了一样就开始期盼下一样，这样永远都不会有满足的时候，得不到就想通过不正当的手段去得，最后引火烧身，害了自己。

殷纣王即位不久，命人为他琢一把象牙筷子。贤臣箕子说："象牙筷子肯定不能配瓦器，要配犀角之碗，白玉之杯。玉杯肯定不能盛野菜粗粮，只能与山珍海味相配。吃了山珍海味就不肯再穿粗葛短衣，住茅草陋屋，而要衣锦绣，乘华车，住高楼。国内满足不了，就要到境外去搜求奇珍异宝。我不禁为他担心。"后来，果如箕子所料，纣王荒淫无度，武王率兵伐纣，最终自焚于鹿台。

俗话说"人心不足蛇吞象"，当妄念大到一定地步的时候，妄念就会控制我们，让我们做出自己平时想都不敢想的事情。平西王吴三桂手握重兵，坐镇云南，清廷原本待他不错，可是日子久了吴三桂就做起了皇帝梦，继背叛明朝之后又背叛清朝，最终失败，留下千古骂名。

关于如何抛弃妄念，老子曾经说过："甘其食，美其服，安其居，乐其俗。"所谓"知足者富",学会惜福,学会知足,就不会贪得无厌,也就不会带来大祸。而不知足的人,常常家中黄金万两仍然觉得贫穷,这与知足常乐者形成了鲜明的对比。

民国高僧弘一法师到宁波,挂单于七塔寺,好友夏丏尊居士听说后,前去探望他。七塔寺的云水堂里住了四五十个云游僧人,因此住的地方床铺分上下两层,是统仓式的,弘一法师住在下层。

弘一法师对夏居士说,他到宁波已经三天了,前两天是住在一个小旅馆里。夏丏尊居士问:"那家旅馆条件很简陋吧?"

弘一法师回答:"很好!臭虫不多,只有两三只,主人待我很客气呢!"

夏丏尊居士便邀他同往上虞白马湖小住几日。弘一法师的行李太简陋了,铺盖是用破旧的草席包的。到了白马湖,他自己打开铺盖,先把破草席铺在床上,摊开了被子,再把衣服卷几件当作枕头,然后拿出一条又黑又破的毛巾走到湖边洗脸。

夏丏尊居士说:"这条毛巾太破了,帮你换一条新的好吗?"

"哪里!还能够用的,和新的也差不多。"说着,弘一法师把那条毛巾打开来给夏丏尊居士看,表示还不是十分破。

《庄子·天运》记载:"……操之则栗,舍之则悲,而一无所监,以门规其所不休者,是天之戮民也。"意思是说,掌握了利禄、名声和权势,唯恐丧失而整日战栗不安,放弃它们又悲苦不堪,舍不得,还在不停止、无休止地追逐。最终,利禄、名声和权势都将会变成杀戮自己的工具。

俗话说:"知足的人,虽卧地上,犹如天堂;不知足的人,虽处天堂,亦如地狱。"佛经经文中说:"生死疲劳,从贪欲起。"人活一生,能快乐最好,又何必为了种种不切实际的妄念而把自己折腾的"生死疲劳",痛苦不堪呢?要学会控制自己内心的欲望,随时知足,自然随时常乐。

2. 不计较个人得失

季羡林在《我这一生》一书中,多次引用陶渊明的诗句:"纵浪大化中,不喜亦不惧。应尽便须尽,无复独多虑",并以此作为座右铭。

季羡林的一生大开大合,大起大落。留德十年,季羡林饱受饥饿、乡愁的煎熬,有家不能归,有苦不能诉。回国后,他受聘为北京大学教授兼东方语言文学系主任,开始了光辉时刻,著书立说,出国访问。有人找季羡林出书,谈及付稿酬的事情,季羡林总是不在意,大有你"愿意给多少就给多少"的意思。

"文化大革命"期间,季羡林被打入"牛棚",受到非人待遇;"文化大革命"结束后,他又成为"国学大师",国内掀起了一股"季羡林热",但是他仍然自顾自地走在北大校园里。从2003年起,季羡林又开始与病魔做斗争。2007年,季羡林在新书《病榻杂记》中要求摘掉戴在他头上的"国学大师""学术泰斗"和"国宝"三顶帽子,成为轰动一时的新闻。

关于曾经引起轰动的《牛棚杂忆》,评论家彭俐说:"《牛棚杂忆》包含了一位文化学者对民族与国家矢志不渝的忠诚,有多年的反思、观察、困惑和期待,唯独没有一点个人的怨愤、忧郁、计较和发泄。"

《道德经》有言:"上善若水,水善利万物而不争,处众人所恶,故几于道矣。"水造福了百姓却不去邀功请赏,处在别人厌恶的地方也毫无怨言,只要做到这样就可以得道了。有的人常常太在乎一些得失,比如因为做成了一件事情而没有得到嘉奖就不开心、对别人欠了自己几十元钱没还而耿耿于怀、这个月奖金变少了不满、自己的鞋子被踩而对方没有说道歉愤怒等。

我们的一生难免有浮沉，无论是鲜花掌声，还是凄风苦雨；无论是顺境，还是逆境，都要学会安然处之，只有这样，幸福才会常伴左右。

秦穆公是春秋时期秦国的君主。有一次，他的一匹爱马跑到了岐山脚下，结果被村民杀掉吃了。官差知道后便把村民抓了起来，准备严惩。秦穆公却说："一个真正的君子，绝不会为一匹马去杀人。"他不但原谅了那些村民，还送酒给他们喝，说："吃好的马肉，必须喝上等的酒。"村民们都很感激他。

我们如果仔细地想想，就会发现人生其实没有什么是一定要计较的。生命的旅程就像一场戏，荣耀、光辉、金钱、地位等，所有的一切都将烟消云散，我们能真真切切享受的、把握的，唯有自己的心情。吃了亏，遭了难，愁眉苦脸丝毫没有用处，大发雷霆也无济于事，最好的办法就是淡然一笑，不去计较。

夏原吉是明宣宗时期的宰相，他为人宽厚，从不拘泥于琐碎的事情。任何事情在他心中，都有一套评判标准。比如厨师做菜太咸，他无法入口，即使只是吃些白饭充饥，他也不会说出原因，以免厨师受责。

有一次，夏原吉巡视淮阴。当他在野外休息的时候，他的马突然跑开了，随从去追了好久都不见回来，夏原吉不免有点担心。恰逢有人路过，他便上前问道："请问，您看见前面有人在追马吗？"

没想到他话音刚落，那人就怒目答道："谁管你是追马还是追牛，走开！我还要赶路。我看你是真的像一头笨牛！"这时，那位随从正好追马回来，一听这话，立刻抓住那人，厉声呵斥，要他跪下向夏原吉赔礼道歉。

可夏原吉却阻止道："算了吧！他也许是赶路辛苦了，才如此急不择言。"说完，便笑着把那人放走了。

这样的故事其实还有很多。比如，夏原吉在告老还乡的途中，曾在一家旅馆住宿过。当时，他的一只袜子湿了，他便请伙计帮忙烘干。因为伙计大意，夏原吉的袜子被火烧了一个洞，伙计不敢自己报告，过了好久，才托人向夏原吉请罪。夏原吉听了事情的原委后，笑着说："怎么不早告诉我呢？"接着，就把剩下的一只袜子丢进了垃圾桶里。

回到家乡以后，夏原吉每天和农人、樵夫一起谈天说地，格外亲切。不认识他的人，一定看不出他曾经做过当朝的宰相。

有一年，杨绛先生的新著出版，出版社有意请她召开作品研讨会。杨绛称："我把稿子交出去了，剩下的关于怎么卖书的事情，就不是我该管的了。读过我书的人都可以提意见的。"就这样，她谢绝了出版社的邀请。

杨绛的寓所没有进行过任何装修，甚至柜子、桌子都是旧式的，室内也无昂贵的摆设，但却有着浓浓的书香。杨绛说："我家没有书房，只有一间起居室兼工作室，也充客厅，但每间屋子里都有书柜、有书桌，所以随处都是书房。"

范仲淹提倡"不以物喜，不以己悲"。用现在的话说就是要保持一颗平常心，是非成败、金钱得失通通不用计较在意。因为，在计较的时候必然会影响自己的心情。往往事情没有解决，自己的心情已变得很差，所以倒不如一开始就不要计较，让自己活得轻松自在。

3. 名利于我如浮云

季羡林的一生淡泊名利。新中国成立后，季羡林仍留在北大担任教职，1956年当选为中国科学院哲学社会科学部委员，还曾当选第二、第三、第四、第五届全国政协委员和第六届全国人大常委。北京大学授予他"终身教授"荣誉。虽然季羡林被各种荣誉的光环包围，但他却看得异常淡泊。

季羡林曾特意"昭告"天下，请辞三大"桂冠"，还他一个"自由身"。

20世纪80年代，在一些比较正式的文件中，季羡林的头顶上出现了"国学大师"这一桂冠。对此季羡林说："我对哪一部古典，哪一个作家都没有下过死工夫，因为我从来没想成为一个国学家。环顾左右，朋友中国学基础胜于自己者，大有人在。在这样的情况下，我竟独占'国学大师'的尊号，我连'国学小师'都不够，遑论'大师'！"季羡林"昭告"天下，希望能把"国学大师"的桂冠从他头顶上摘下来。

后来，有人说，季羡林在人文社会科学的研究中，做出了极大的成绩，应该将他称为"泰斗"。季羡林说："这样的人，滔滔者天下皆是也。但是，现在却偏偏把我称为'泰斗'。我这个泰斗又从哪里讲起呢？"季羡林请大家从他头顶上把"学界泰斗"的桂冠摘下来。

再后来，北京市的一位领导在一次会议上突然称季羡林为"国宝"，季羡林极为惊愕。随后季羡林所到之处，"国宝"之声不绝于耳，让他倍感疑惑。季羡林说："是不是因为中国只有一个季羡林，所以他就成为'宝'了。但是，中国的赵一钱二孙三李四等，也都只有一个，难道中国能有十三亿'国宝'吗？"

司马迁在《史记》中写道："天下熙熙，皆为利来；天下攘攘，皆为利往。"古往今来，有多少王侯将相为名利付出了惨痛的代价，哪怕是普通人，也有太多人为了名利劳碌一生，苦不堪言。

名利看不破终会为其所累。中国古典名著《红楼梦》里有一首千古绝唱的诗歌："世人都晓神仙好，唯有功名忘不了！古今将相在何方？荒冢一堆草没了！世人都晓神仙好，只有金银忘不了！终朝只恨聚无多，及到多时眼闭了。"有的人把名利看得太重，终其一生都在争名逐利，而追逐到了却又发现自己仿佛一无所得。

淡泊名利是一种人生境界。人一旦有所成就会得到一些名与利，伴随着名利走到哪里都会有赞誉，而这个时候往往就会被名利蒙蔽，只顾着享受鲜花与掌声，学术研究不做了，工作也不认真了，最后被困于名利之中。

庄子在涡水垂钓，楚王委派二位大夫前来请庄子出山，并许以高官厚禄。

庄子持竿不顾，淡然说道："我听说楚国有只神龟，被杀死时已三千岁了。楚王珍藏之以竹箱，覆之以锦缎，供奉在庙堂之上。请问二位大夫，此龟是宁愿死后留骨而贵，还是宁愿生时在泥水中潜行曳尾呢？"

二位大夫道："自然是愿活着在泥水中摇尾而行。"

庄子笑说："二位大夫请回去吧！我也愿在泥水中曳尾而行。"

存在主义大师保罗·萨特的思想影响欧洲很深，1964年，诺贝尔文学奖评委会决定把当年的文学奖颁发给保罗·萨特。虽然保罗·萨特一生拒绝接受任何荣誉，但是，众人没想到这次他连大名鼎鼎的诺贝尔文学奖也不要！

保罗·萨特在写给瑞典方面的信中说，签名为"保罗·萨特"是一码事；签名为"诺贝尔奖获得者保罗·萨特"就完全成了另一码事。"无法想象谁有权给康德、笛卡尔或歌德颁奖"，"我拒绝这样做，拒绝一切荣誉"。

进入暮年的萨特身染多种疾病，一只眼睛已经失明，但依然以口述的方式表达自己的思想。对当年拒绝诺贝尔奖，他毫不后悔，重申自己骨子里没有丝毫改变。

看淡名利的目的只为自己一身轻松。庄子辞官悠然钓鱼，思考人生；陶渊明辞官耕田，喝酒吟诗。他们每天不用费尽心思地让自己站在名利的顶端，也不用担心自己随时被人排挤下去，人生过得悠然自得。季羡林的晚年，在北大散散步、养养猫、写写散文，这难道不比头顶桂冠四处演讲，走到哪里都众人簇拥更悠然自得吗？

诸葛亮有一句名言："非淡泊无以明志，非宁静无以致远。"淡泊名利，并不是逃避现实，而是保持一份理性。人生在世，名利相争，难以避免，而盲目地沉溺在名利之中，会令人迷失方向。把名利当作浮云，飘飘然然在眼前，吹起自在的风，把名利吹散，不让它们遮挡自己的视线，不让名利占据自己的生活，就像季羡林说的，还自己一个自由身。

4.陋巷箪食也自在

季羡林曾讲过自己年轻时候的事情，他说道："我出生以后，家境仍然是异常艰苦。一年吃白面的次数屈指可数，平常只能吃红高粱面饼子；没有钱买盐,把盐碱地上的土扫起来,在锅里煮水,腌咸菜;什么香油,我根本没见过。一年到底,就吃这种咸菜。"但季羡林在回忆的时候并没有觉得痛苦,反而觉得那个年代的他生活得悠然快乐。

有一年,季羡林之子季承告知季羡林,不久之后要带着小孙子到医院来看望他,护工跟季羡林开玩笑,说这得包个红包。但是让人没想到的是,季羡林身上连一点可以支配的钱都没有。最后,是护工借了3000元钱给季羡林。

那个时候的季羡林还不无风趣地拿自己开涮,说:"我是周扒皮,最后只剩一张皮了。发财了,都发财了,我成了穷光蛋,我拿100元钱都困难。"

季羡林曾经在接受采访的时候被问到工资,他说道:"我的工资老一级,工资的基础是887元人民币,加上各种……反正是各种名目的收入,一个月可以拿到2000元钱……"

季羡林年轻的时候并不富裕,甚至称得上很穷,但是他在做了教授之后并没有像暴发户一样开始享受,也没有过多地在乎自己究竟赚了多少钱。作为"国宝"级人物,季羡林自然不穷,但他为什么却连包红包的钱都没有呢?原因是季羡林不在乎钱多钱少,赚多赚少对他来说都是一样的。

子曰:"贤哉,回也!一箪食,一瓢饮,在陋巷,人不堪其忧,回也不改其乐。贤哉,回也!"这是《论语》中孔子对其弟子颜回的高度赞美。关键就在于这句"回也不改其乐",南怀瑾评价说:"颜回物质生活是如此艰苦,住在贫民窟的一条陋巷中,残破不堪的违章建筑里。任何处于这种环境的人,心里必然会生出无数的忧愁与烦恼。可是颜回却仍然不改其乐,心里一样快乐。这实在很难,物质环境苦到这个程度,心境竟然恬淡依旧。个人的修养要到那个境界可真不简单。"

有一次,孔子让四个弟子谈谈理想,前几个弟子都讲了自己关于治国的理想,最后回答的曾皙却说:"暮春时节,春天的衣服已经穿着了。我和五六个成年人,六七个童子,到沂河里游泳,在舞雩台上吹吹风,唱着歌走回家。"孔子赞叹道:"我同意曾皙的想法啊!"

当代著名高僧星云大师说:"佛教对于贫富的看法很简单,贫与富其实只在一念之间,'一念可以让你穷,一念可以让你富'。对于贫穷,有些人是不得不居于贫困,苦熬贫困,觉得贫困可怕之极;也有一些人是甘于贫困,借贫贱的环境来磨炼自己的意志,这是自觉地忍受贫困。孔子所谓'贫而乐道'是心灵有所追求,也就是说,身处贫困而不以为意,仍旧乐道好学也。"

所谓"清心寡欲,安贫乐道",说的就是心中要有所追求,懂得什么才能让自己真正的快乐,而不是沉迷于物质享受中。不以贫贱为耻,不以富贵为荣,只求内心安逸悠然。

东汉名士姜岐幼年时,父亲因病去世,他便与哥哥姜岑一起生活,共同侍奉母亲。

在姜岐七八岁的时候,母亲体弱多病。有时候病得厉害,一两天都不能进食。姜岐是个出了名的孝子,每次母亲生病,他都会坐在母亲的床前,背诵诗文给母亲听,以宽慰母亲。

延熹年间,沛国人桥玄任汉阳郡太守。桥玄初来乍到,想找一位在当地有影响力的人帮助自己治理汉阳郡。后经人推荐,聘请姜岐任功曹之职。而姜岐却以有病在身为由,不肯应聘。桥玄为此很不高兴。

后来,姜岐的母亲去世,姜岐便主动将田产家资全部给了哥哥,自己带着家人到深山里过起了隐居的生活。

姜岐在山中养了大量蜜蜂,每年都会将蜂蜜分送给以前的左邻右舍。

后来，越来越多的人追随姜岐而来，他便开设了学馆，免费教人读书。平日里，他养蜂酿蜜，妻子纺线织布，简直就是一对神仙眷侣。

荆州刺史得知此事，便聘请姜岐任荆州从事，可姜岐仍不肯赴任。在之后的日子里，朝廷不断有人举荐他做官，而且官品越来越大，但他始终不为所动。

"陋巷箪食也自在"并不是说人要甘于贫穷，通过自己的劳动赚取钱财其实是一件再正常不过的事情。所谓"陋巷箪食也自在"，要表达的是应学会在贫穷之时调整自己的心态，找到自己内心真正的快乐。若能找到真正的快乐，无论富贵还是贫穷都变得无所谓。

唐代六祖慧能法师的著名偈语："菩提本无树，明镜亦非台。本来无一物，何处染尘埃？"做到"心无一物"，自然能够自在。不要每天暗自忧伤为什么别人都是千万富翁，而自己却赚得那么少。每个人都有自己的活法，千万富翁有千万富翁的烦恼，清贫者有清贫者的快乐，最重要的是活得自在。

5. 宠辱不惊，去留无意

现代社会生活节奏快，人们压力大，精神高度紧张，普遍觉得活得很累，甚至有一种不堪重负之感。究其原因，其实是人们过于在意职位的升迁，地位的变换，从而把自己弄得越来越焦虑，自然会感到痛苦。学学季羡林，从大学教授变成"牛鬼蛇神"，又变成"国宝""泰斗"，这一系列的变化都没能让他内心生起任何波澜，他依旧是那个淡泊明志的人。

当季羡林遭到批斗时，他从大学讲台被打进牛棚。那时候的他对未来不抱有半点希望，乃至想到自杀。他因为心理的负担，身体的疲劳，再加上在学校大批斗时的伤痕，身与心都已经完全垮掉了，两腿不能并拢起来，连站都困难，更不用说走路，不能劳动，甚至连走出去吃饭都不行。但是不干活是不可能的，他被安排在院子里捡砖头石块，然后扔到院子外面去。于是，他就叉开双腿，趴在地上，把砖石捡到一起，然后再爬着扔到院子外面。

不过经历了狂风暴雨般的迫害之后，季羡林痛定思痛地说："人间的苦好像也就不过如此，我不死了。"从此，他打消了自杀的念头。他坚信，不管自己现在如何不幸，都只是一个过程，人生如此短暂，自己不可能一辈子都活在不幸中，最后必然有好的结果。但如果放弃了人生，那么就真的没有结果了。

《论语·公冶长》记载，子张问曰："令尹子文，三仕为令尹，无喜色，三已之，无愠色；旧令尹之政，必以告新令尹，何如。"子曰："忠矣。"

意思是说，子张问："楚国的令尹子文三次做令尹的官，没有高兴的颜色；三次被罢免，没有怨恨的颜色。每次交接，一定把自己的一切政令全部告诉接位的人。这个人怎么样？"孔子道："可算尽忠于国家了。"

人生变幻无常，犹如晴朗的天空会突然乌云密布，进而电闪雷鸣、狂风骤雨。谁也不能保证自己的生活永远一帆风顺，不会受到任何打击。因此，面对人生的起起落落，一定要有一个良好的心态和坚忍的意志。

泰戈尔有一句名言："天空没有翅膀的痕迹，而我已飞过。"这也许是对坦然的最好诠释。生活虽不能十全十美，但也不会一直昏天黑地，我们要以平常心对待，无论是人生的低谷还是高峰，只要我们的心不处于低谷就有可能站在人生的最高点上。

北宋著名政治家、改革家范仲淹一生几经沉浮，始终笑对，是宠辱不惊的典范。

天圣六年，范仲淹荣升秘阁校理——负责皇家图书典籍的校勘和整理，秘阁设在京师宫城的崇文殿中。虽为秘阁校理，实际上就是皇帝的文学侍从。在此，不但可以经常见到皇帝，而且能够耳闻不少朝廷机密。对一般宋代官僚来说，这乃是难得的腾达捷径。

当时刘太后执政，范仲淹认为于理不合，于是，上奏要求刘太后还政于宋仁宗。结果被一纸诏书调往河中府任通判。三年后，刘太后去世，范仲淹重回京师做右司谏。

没过多久，宋仁宗废后，范仲淹作为谏官，直言上奏，结果被远放江外，去做了睦州知州。后因治水有功，再次被调回京师任开封知府。然而宰相吕夷简诬蔑范仲淹勾结朋党、离间君臣，范仲淹便再一次被递夺了待制职衔，贬为饶州知州。后来几乎又被贬死岭南。

后西夏入侵大宋，52岁的范仲淹先是被恢复了天章阁待制的职衔，转眼间又荣获龙图阁直学士的职衔。在范仲淹的努力下，大宋边境得以安宁。此时，范仲淹的人生算得上是攀上了顶峰，主持"庆历新政"。

"庆历新政"失败后，范仲淹被革除了一切军政大权。庆历六年，范仲淹被贬居邓州。在此期间，他写下了著名的《岳阳楼记》，也算是对他一生的总结："登斯楼也，则有心旷神怡，宠辱皆忘……不以物喜，不以己悲……"

人逢喜事、受到宠爱时，往往会神清气爽，兴高采烈；相反，身处逆境时，往往会精神委靡、烦躁不安，这是正常的心理现象。人生不如意事十之八九，但我们不要过分在意得与失，也不要过分看重成与败以及别人对我们的看法。没有人会一直顺风顺水，也没有人会一直处于低谷。顺境时不要太过惊喜,逆境时不要太过沮丧,只把这一切当成是自然规律就好了。

《菜根谭》有一副著名对联:"宠辱不惊,看庭前花开花落;去留无意,漫随天外云卷云舒。"这世上的所有荣辱都像天上的云一样,在不断地变幻着形状,有时可能乌云密布,有时又可能晴空万里,我们只要记得,任它千变万变,我们只过自己的人生。

6. 不迷物欲,内心逍遥

季羡林的学生曾专门撰文描写他的俭朴生活:他的家迄今为止没有装修过,他的饮食无非粗茶淡饭,绝非饕餮之徒所能想见。最后的评语是:对人施爱心,对己杜私欲;劳作无时已,生活绝奢靡。人若沉迷于物欲,那与没有灵魂的行尸走肉何异?

季羡林在1997年的一篇文章中便指出:"把中西双方稍一比较,就能够发现,西方的美偏重精神,而中国最原始的美偏重物质。这同平常所说的'西方是物质文明,而东方是精神文明'完全相反。是一个值得深思的问题。"

有人曾有幸跟季羡林吃过饭,他回忆说:"季羡林的食谱你可别抱太大奢望——早餐小米粥、花生米、腐乳,午餐馒头、大葱、青菜,此外还有一杯茶。"关于花生米,有人问过季羡林:"您这么大年纪了,又没有装假牙,怎么嚼得动?"季羡林笑了笑,说:"没问题。"

季羡林的收入一直很高,但他却总是最后一个去食堂吃饭。那时,好吃的菜都被人吃光了，他就买点剩下的不好吃的菜，一个人飞快吃罢了事。《清华园日记》记载，季羡林收到稿费时，会自我犒劳一下，但他的犒劳通常只是上街买点烤红薯、板栗、荸荠，偶尔会奢侈一下请别人吃点东西，不过至多烤鸭一只。

孟子与梁惠王对话，梁惠王问孟子："何以利吾国？"孟子回答说："仁义而已矣，何必曰利？"孟子这句话说得好，凡事"何必曰利"？一个人功利心太重，太过沉迷于物质，内心就会被物质所驱使，必然丧失生活的意义。

沉迷于物欲会让人内心痛苦，因为物欲是永远都不会得到满足的，永远有更高的职位、更高的享受在前面出现，终日想得到它们就会让自己处于一个焦虑痛苦的状态中。沉迷物欲而得不到的结果就是自己渐渐地会被物欲所支配，最后做出有违道德或者法律的事情。

《儒林外史》中的匡超人本是一个事亲孝顺、勤劳好学的农村青年，然而来到了繁华城市杭州之后，他便开始受到世俗的熏染。有人教他写诗攀结上层，时间久了，匡超人的功利心越来越强，帮潘三假造公文，拐卖少女荷花，丝毫不管荷花姑娘是否掉入火坑，是死是活，他"欢喜接了"20两白花花的银子，从此"身上渐渐光鲜"。最后匡超人走向了堕落的深渊。

有一句话叫做："良田千顷，日食一升；广厦千间，夜眠七尺。"一顿饭摆上几十道菜，又能吃几口？这样的奢华生活本质就是一种炫耀，无非以显示自己非常富有罢了。但这样的生活已脱离了生活的本质，终日被物欲所累，就如同双脚戴上了脚镣，双手戴上了枷锁一样，生活又怎么能够轻松自在呢？

《淮南子·道应训》中记载了这样一则小故事。

公仪休爱吃鱼。他在当宰相时，常常有人给他送鱼，但他一概不收。他说："我若接受了鱼，可能会蒙受受贿之名，从而被免除相位，从此想吃鱼也吃不起了。我若不接受鱼，就可以继续当这个宰相，也就能靠自己的收入经常吃到鱼了。"公仪休不收鱼不是不重利，而是懂得不沉迷其中。

晋代大富豪石崇出生在山东青州，他自小机敏聪明，爱读书学习，勇敢而又有谋略。因为他是功臣石苞的儿子，二十多岁时便做了修武县令、城阳太守。又因讨伐吴国有功，被封为安阳侯。后迁至太仆，出京作征虏将军、假持符节、监守徐州诸处军事，镇守下邳。可谓是一个地区的最高军事长官。

石崇为人聪颖，有悟性，有才气，能办事，但却品德低下，贪污、受贿、吃喝、嫖赌、抢掠，五毒俱全。他在出任荆州刺史时，劫掠客商，积财无数。据史书记载，石崇的财产丰饶山积，居室屋宇宏伟富丽。光后房的姬妾就有数百人，个个穿的都是丝绸绣花的长裙，戴的都是黄金、翡翠等珠宝首饰；他家的丝竹管弦乐队更是选尽了当时的名家；一日三餐都是山珍海味。

最后，石崇因与别人斗富招致杀身之祸，家产被抄，自己也丢掉了性命。

李白在《梦游天姥吟留别》中写道："别君去兮何时还？且放白鹿青崖间，须行即骑访名山。安能摧眉折腰事权贵，使我不得开心颜！"李白之所以被人称为伟大的浪漫主义诗人，原因就在于他洒脱自由的性格。李白崇尚剑道精神，也就是路见不平、仗剑相助的侠客逍遥精神，杜甫曾有诗赞曰："天子呼来不上船，自称臣是酒中仙。"

唐代诗人刘禹锡也有《陋室铭》自叙其志，他写道："山不在高，有仙则名。水不在深，有龙则灵。斯是陋室，惟吾德馨。……无丝竹之乱耳，无案牍之劳形。"刘禹锡的书房很简陋，他不在乎装修是否华丽，只要能与文人朋友坐而论道，自己能够安静地看书写文章就可以了。

　　只有用淡泊名利的思想去对待金钱、名誉、地位的得失，才能在纷繁复杂的环境中保持清醒的头脑，才能还我们内心一个悠然逍遥。这远比高楼广厦、锦衣玉食要重要得多。

第三课

朴——无与伦比的人格魅力

1. 没有半点架子和派头

季羡林潜心于自己热爱的学术事业,不自恃过人的天资和才分,也不计较个人的得与失,只愿做一个默默无闻、悄无声息的耕耘者。当年在北大校园里,季羡林经常穿一身洗得发白的中山装,脚穿圆口布鞋,出门时提着一个人造革旧书包。他说话时总是面带笑容,对与其接触的任何人都那么和蔼可亲,平易近人。不仅如此,他的家谁都可以推门而入,若是不认识季羡林的人,绝对不会相信这就是名满天下的国学大师、北大教授。

1999年年底,望九之年的季羡林接受了杨澜的采访。采访开始后,杨澜问的第一个问题就是:"我很想知道,您为什么一直都穿中山装?"

季羡林回答说:"那是什么原因呢?因为改西服、改西装,我本身是不赞成的。那是什么原因呢？因为欧美之所以经济那么发达，并不是因为它的穿着。我们老学人家的皮毛，所以本身我就反对。后来，另外一种现象非常有意思，就是农民锄地，穿上西装打上领带，我觉得这是开玩笑。"

杨澜说："教授穿西装很顺理成章。"

季羡林说："现在我有一个感觉，是什么感觉呢？就是我们过去出国，都有置装费，意思就是让你打扮打扮，结果发现特别是美国，穿着非常随便，而且一直都是这样子，他们出国绝对不会给置装费，他们平常穿什么就是什么。他们觉得装置费多此一举。另外，我穿了一辈子也习惯了，穿什么都一样，但是都不如中山装自在。"

结果，季羡林就这么穿了一辈子的中山装。

孔子之孙子思在《中庸》写道："地低成海，人低成王，圣者无名，大者无形，鹰立如睡，虎行似病，贵而不显，华而不炫。"越是位高权重、越是有大功绩的人，越应该为人朴实、低调，这是一种为人的境界，并不是说地位很高、功劳很大的人就能够仰起鼻孔看人。

《史记·鲁周公世家》记载，周公诫伯禽曰："吾文王之子，武王之弟，成王之叔父，又相天下，吾于天下亦不轻矣。然一沐三握发，一饭三吐哺，犹恐失天下之士。子之鲁，慎无以国骄人。"周公位高权重尚且要放下架子，更何况我们普通人呢？

人最忌讳的就是有了些成就之后摆派头，架子端得高高的，对谁都爱理不理。这样的人不但不会结交新的朋友，还会失去老朋友。因为大家曾经在一起奋斗过、生活过，若其中一个人功成名就后对身边的人趾高气扬，自然会大失人心，最后变得形单影只。

人虽有富贵、贫穷之分，但在人格上，所有人都是平等的。因此，与人交往时，我们要做的第一件事就是给予对方足够的尊重。我们都希望赢得别人的尊重，却往往忽视了尊重别人。对于任何一个人来说，尊重都是交往的前提。不以才傲人，不以功骄人，不以地位轻视于人，正是一种做人的智慧。

战国时期，燕昭王继位，为了复兴国家、报仇雪耻，他决定物色一个能辅佐他治国的人才，可是一直没找到合适的人选，于是便有人向他推荐老臣郭隗。

燕昭王亲自登门拜访郭隗，对郭隗说："齐国趁我国混乱时入侵，这耻辱我是忘不了的。但我深知现在燕国国力弱小，一时难以报仇。如能招到贤士，与我共同治理好国家，洗刷先王蒙受的羞辱，我情愿亲身侍奉他。先生您能不能给我推荐这样的人才呢？"

郭隗回答道："完成帝业的君主，把贤士当作老师对待；完成王业的君主，把贤士当作朋友对待；完成霸业的君主，把贤士当作臣属对待；至于亡国之君，就把贤士当作差役来使唤了。君主能放下架子对待贤者，恭恭敬敬地向他请教，那么才能胜过自己百倍的贤士自然就来了；要是怒气冲冲，举动蛮横，暴跳吆喝，那么像奴隶一样的人就来了。大王如果能广泛征求国内贤者，登门拜望，天下的贤士一定都会奔向燕国了。"

燕昭王听后大有所悟，立即以老师礼节侍奉郭隗。各路贤人听说后立即前来，乐毅、邹衍、剧辛等人才齐聚于此。

经过28年的治理，燕国国力殷实富足，兵强马壮，称霸一方。

三国时期，益州别驾张松，本想卖主求荣把西川地图献给曹操，可曹操却因数日未见张松而大怒，险些将其斩杀；而另一边，刘备兄弟三人对张松执手相迎，随后豪饮三日，泪别长亭，刘备执意要为张松牵马相送，张松非常感动，于是将西川的地图献给了刘备，为刘备今后的发展奠定了重要的基础。

朴实是一种谦虚、低调的表现,是一种真正认识自己的境界。真正看清楚自己荣誉背后的确切位置,时刻保持对他人的尊重,无论对方是平民百姓,还是权贵富人,都应该予以尊重,让对方感受到一种被尊重的温暖,这样自然能够"有朋自远方来"。

2. 对人和蔼可亲

有一张广为流传的照片:季羡林穿着蓝色中山装,坐在花坛旁,身边有一只白色的波斯猫,老人一只手抚摸着猫,一只手放在腿上。照片中的季羡林慈眉善目,可亲可爱,在他的脸上充满着恬静的微笑,就像邻居家的老人一样和蔼亲切。

季羡林其实并不仅仅是在长相和气质上和蔼可亲,在待人接物上,他更是给人一种如沐春风的温暖。

有一年九月初,一位青年在北大校园里来回奔走办理入学手续。可行李来回拖拿太麻烦了,而自己在这里又没有认识的人,无奈之下,他只好匆忙地求助于一位面善的老人,请老人帮忙照看自己的行李。但是,因为他初来乍到,地生人也不熟悉,耽误了不少时间,等到一切忙完,已经是三个多小时之后了。青年急急忙忙地赶往约定地点,不免担心老人已经走了。可当他走到约定地点的时候,却发现老人依然还在等待,青年很是感动,谢过老人之后,他便拖着行李离开了。

在开学典礼上,这位青年才发现,上台发言的副校长——季羡林,居然是那位老人！季美林在学校里常常穿着青布衣裳和布鞋，青年人误会把他当成清洁工，实在是太正常不过了。

季美林面对误会他的学生，既没有责怪也没有表明自己的身份，而是选择了默默等待三个多小时，因为他知道新生入学很不容易，要处理很多事情。季美林的大师风度，感动了无数人。

如何做到对人和蔼可亲？很简单，与人为善，予人尊重，待人以礼。

《孟子·公孙丑上》中说："取诸人以为善，是与人为善者也。故君子莫大乎与人为善。"其意思是，君子最高的德行就是同别人一道行善。后来，与人为善的语意有所拓展，多指以善意的态度对待他人，为他人着想，凡事不要总先想着自己，而且在面对任何人时，都应该怀有"善"念。

宋人韩琦夜晚看书，捧蜡烛的侍卫因为不小心走了神儿，让蜡烛烧了他的鬓角，韩琦怕主管侍卫的长官鞭打这名侍卫，就说："不要替换他，因为他已经懂得怎样拿蜡烛了。"侍卫为此感激涕零。

学会尊重身边的每一个人，因为尊重也是一种与人为善。只有在尊重对方的前提下，才会给予对方笑容，才会认真倾听对方的话，才会换位思考，与对方平等的做朋友。

司马迁在《孔子世家》中写道："诗有之：'高山仰止，景行行止。'虽不能至，然心向往之。余读孔氏书，想见其为人。"这句话充分体现了司马迁仰慕孔子的人格魅力，想要真正与之接触之心。究其原因，并非只是孔子学识渊博，道德高尚，还在于其能一视同仁，待人和善。

胡适二十多岁暴得大名，此后40余年间，先后获得多所世界一流大学颁赠的36个荣誉博士学位。在北大任职期间，更是人人尊敬，很多人都慕名前来找他。即使是学生去找胡适，他也会称对方为某先生，礼貌相待；如果是到他的私宅，坐在客厅里高谈阔论，过时不走，胡适也绝不会下逐客令。胡适对校外不相识的人也是如此。凡是登门必接待，凡是写信必答复，无论对方地位如何，有名没名，信中结尾一律写道："你的朋友胡适之。"

胡适晚年的学生唐德刚这样描述胡适："胡适之有一种西方人所说的'磁性人格'，这种性格实非我国文字里的什么'平易近人''和蔼可亲'等形容词所能概括得了的。"

1959年10月23日，时任"中央研究院"院长的胡适收到一封来自台北街头卖芝麻饼的小贩的信。小贩在信中说，他虽然生活窘迫却爱读书，还特意在信中请教："英国为君主制，美国为民主制，实质上是否相同？在组织上，英国内阁制与美国总统制，是否以英国的较好？"

胡适赶快回了信，信中提到了几点，首先是欣赏他读书，其次谦逊地解答了小贩的问题，最后表示愿意帮他的忙。

后来，胡适还邀请小贩做客，两人开始书信往来。有一次，胡适生病住院，友人拿来芝麻饼说道："我猜想你肯定没有吃过。"胡适笑道："我早就吃过了啊，这是我一个朋友做的。"

季羡林曾说："人必自爱而后人爱之。没有礼貌是目中无人的一种表现，是自私自利的一种表现，这样的人如果多了，必然会产生与社会不协调的后果。千万不要因为觉得这是个人小事而掉以轻心。"生活中有很多人，他们往往因为疏忽细节，而使自己在别人心中的形象大打折扣。相反，一个有礼貌的人，很容易就会被别人认可、接受，既可以给别人带来温暖，也会使自己精神愉快。

另外，别人有事找我们帮忙，我们都要做到无论事情大小都要帮一帮，尽己所能。待人以和善，久而久之，自然能够让人感到和蔼可亲，可以信赖，值得交往。

3. 关爱温暖人心

跟季羡林接触过的人，无不对他的待人接物之道高度赞赏。季羡林从来都是无微不至地关心着身边的每一个人，是否冷了热了，又是否饿了困惑了等。而且有的时候，他能在一瞬间看出别人是否需要帮助，若需要，他就会主动提出来帮忙。季羡林有位学生说过，即便跟季老坐在书房聊一辈子的天，他都愿意。

魏林海是个地地道道的北京农民，20岁那年，他赶上招工，成了海淀区环卫所的一名清洁工。魏林海每天的工作就是打扫街道和厕所，成了名副其实的"淘粪工"。不过他喜欢看书，并且热爱书法。

1997年，香港回归前夕，魏林海与六郎庄的几位书画爱好者想要组织一场书画展，便登门找他认识的知名画家题词，却遭遇了"闭门羹"。一气之下，他就跑到了季羡林先生家，与季羡林说明来意，并请他帮忙。季羡林非常爽快地为书画展题了字——"六郎庄农民书画展"，并将他的一本散文集，题上"梅花香自苦寒来"后，送给了魏林海。这让魏林海倍有受宠若惊之感，心里暖洋洋的，有一种说不出的感激。

魏林海曾提到，季老与他谈学问，谈做人，谈往事，一点架子也没有，老人家很是随和。每一次临走时，季羡林都不忘送魏林海一些阿胶、西洋参之类的补品，让他带回家，送给他年迈的父亲，并嘱咐他代为问候他的父亲。

得知季羡林去世的消息，魏林海悲痛如割，亲手送上挽联。

有人说,关爱是人类最宝贵的品质。什么叫关爱,关爱就是关心爱护身边的人,对方有什么难处我们主动帮忙,对方有什么郁闷之事我们主动分担。这就是关爱,虽然简单却行之有效,能帮助我们建立良好的人际关系。因为我们处处为他人着想,处处关爱别人,受到关爱的人自然会对我们有一个更加良好的认识,更加信赖我们。

《论语·乡党》记载:"厩焚。子退朝,曰:'伤人乎?'不问马。"大概的意思是说,孔子退朝回来,听说马厩失火了,就问:"伤到人没有?"曾经有弟子问孔子什么是"仁",孔子回答曰"爱人"。孔子说:"做人若没有仁爱之心,礼制对他又有什么用呢?"孔子被称作"圣人",这并不是他的学生们编出来的,而是孔子从每一件小事上面一一践行而来。由此我们就可以看出,孔子对于人的关爱程度。

有一位著名作家曾经说过:"天使有两个住所,一个在天上,另一个在慈善慷慨的人心中。"有关爱之心的人,往往能在给别人温暖的同时,收到别人回馈的温暖。如此一来,整个社会就会变得和谐友爱。

当代著名高僧本焕长老为人谦和,对身边的每一个人都给予无微不至的关怀。据陪护在本焕长老身边的义工们讲述,本焕长老对身边的每一个人都非常好,每到夜里很晚时,他就惦念他们有没有夜宵吃,总要说:"你们有没有夜宵吃,吃的什么?要不要多准备一些?"

后来,本焕长老生病,夜里两点多钟还打着吊瓶,他就把义工们叫到身边,要求大家回去休息,他说:"你们年轻,还要照顾家庭,熬坏了身体是不行的。"看到义工们一个个都答应了,本焕长老笑得很开心,仿佛病已经好了。

一位义工说,他扶本焕长老上厕所时,本焕长老问他:"你来照顾我,他们有没有意见?"听到否定的答复后,本焕长老又问:"你老婆会不会骂你?"义工说不会骂,本焕长老长叹一声,说:"你来照顾我,都是缘分。"这位义工告诉人们,在照顾本焕长老的最后两个月里,本焕长老一直跟他念叨:"你们都在这照顾我,实在不好!你们还年轻,睡不好觉影响身体,你们还要养家。"

德兰修女一生竭力为那些居住在陌生国度中的悲苦穷人服务,帮助他们解除贫困,尤其为加尔各答的穷人们作出了巨大的贡献。她曾在演讲中说:"穷人没有钱,没有地位,但不缺少互相帮助和体谅的爱心。这正是穷人的伟大之所在。只要愿意的话,我们每一个人,哪怕是卑微的乞丐,也可以对他人献出爱心,对他人有所帮助。"

用关爱给人以温暖,时时如沐春风,不仅身边的人会非常舒服,施爱的人自己心里也会快乐。这种待人接物的方式虽然简单,却深受中国人的推崇。

4. 与其练达,不若老实

针对"毫不利己,专门利人"的提法,季羡林直言不讳地说:"大概由于我水平太低,我不大敢同意'毫不利己,专门利人'这种提法,一个'毫不',再加上一个'专门',把话说得满到不能再满的程度。试问天下人有几个人能做到。提这个口号的人怎样呢?这种口号只能吓唬人,叫人望而却步,绝对起不到任何提高人们道德水平的作用。"

从上面的话可以看出,季羡林从来都是"有一说一"的人,既不会沽名钓誉,也不会过分显示自己的学问,这就是他的"老实"之道。

季羡林6岁时，从老家临清到济南投奔叔父，他的人生由此发生了重大转折。他开始从一个只想浑浑噩噩做一名小职员的少年，一步步走向今天世人尊崇的大师、泰斗。但是，在季羡林晚年的叙述里，他却不是这么说的，他说："到济南求学后，说句老实话，我当时并不喜欢读书，也无意争强，对大明湖蛤蟆的兴趣都远远超过书本。"

谁都没有想到，季羡林如此老实地把自己的"老底"交代出来。

季羡林在清华大学读书的时候，恰逢清华大学与德国学术交换处搞了一个双方交换研究生的项目，季羡林虽有机会前往，但是却没有钱作为路费和生活费。

季羡林在济南读高中时的校长张还吾听说后，便提出带着他去找山东省教育厅长何思源帮忙，二人曾同为北大学生，交情不错。没想到的是，张还吾带着季羡林刚到那里，还未开口，何思源似乎早已知其来意，一口回绝。季羡林也不说话求情，最后事情只得作罢。

出来后，张还吾责备季羡林太老实，不会说话。这让季羡林非常为难，为自己求情这种事，他实在做不出来。最后季羡林只好四处借贷，这才筹齐了路费。

季羡林曾说过："做人要老实，学外语也要老实。学外语没有什么万能的窍门。俗语说：'书山有路勤为径，学海无涯苦作舟。'这就是窍门。"季羡林的老实之道体现在生活的方方面面，所以他无论做学问，还是做人都非常踏实，让人信服。

《菜根谭》中写道："君子与其练达，不若朴鲁。"这个"朴鲁"就是老实的意思。意思是说，与其精明老练，熟悉人情世故，不妨朴实笃厚。要知道，工于心计的人往往聪明反被聪明误，比如被曹操杀掉的杨修。

做人老实应该体现为不要心机，不投机取巧。"揠苗助长"的故事大家都听说过，故事中的人自作聪明地把苗"提了一提"，结果"苗则槁矣"，得不偿失。总有那么一些人，他们会借用自己的智慧来"帮助"自己，提高自己的做事效率，以为这样做定能事半功倍。提高效率无可厚非，但是若将这种"聪明"用在做人上面，就很容易出问题了。与其这样，倒不如老老实实为好。

《应谐录》中记载了这样一个寓言故事。

乔奄家里养了一只猫，这只猫非常漂亮，他以为此猫非常奇特，就称它为"虎猫"。乔奄经常抱着"虎猫"在客人面前炫耀。

有一天，乔奄请客人吃饭，席间，他又把"虎猫"抱了出来。客人们为了讨好乔奄，争着说好话巴结他，一个人说："虎虽然勇猛，但是，不如龙神奇。我认为应该叫'龙猫'。"另一个人说："不妥，不妥。龙虽然神奇，但是没有云气托住，龙升不到天上，所以应该叫'云猫'。"

第三个人争着说："云气遮天蔽日，气象不凡，但是，一阵狂风就可以把它吹得烟消云散。我建议叫它'风猫'。"随即有人反驳："大风确实威力无比，但是一堵墙壁就可以挡住狂风。不如叫'墙猫'。"

又有人说："这位的意见我非常不满意。墙壁对风来说，是可以抵挡一阵，但是跟老鼠一比就不行啰。老鼠可以在墙上打洞。请改名为'鼠猫'。"这时，一位老人站起来斥责他们："你们啊，争奇斗胜，把脑子都搞糊涂了。逮老鼠的是谁？不就是猫吗！猫就是猫，搞那么多名堂干什么呢！"

这群人自以为只要夸赞乔奄的猫就能够巴结他，结果却闹了个大笑话。

子曰："人皆曰：'予知。'驱而纳诸罟擭陷阱之中，而莫之知辟也。"意思是说，人人都说自己聪明，可是一旦被驱赶到罗网陷阱中去，却又都不知躲避。老老实实做事、做人，永远不会吃亏，不会自取其辱，也永远不会被人抓住把柄。

很多无比聪明的"精明人",无论是在做人还是做事上,都很难有大的成就和建树。反倒是那些看起来傻得要命的老实人,往往能赢得更多的诚信和尊重。所以,用尽心机不如静心做事,老老实实地做事,就一定会得到别人的认可。

5. 不遗余力地揄扬后辈

季羡林的学生、著名学者钱文忠回忆说,有一天,我陪季羡林散步行至北大办公楼时,恰逢中文系的裘锡圭低着头,在前面很慢地走,大概在思考问题。见此,季先生拖着我的手,放慢脚步,对我说:"前面这位裘先生,古文字专家,了不起!"说完还跷起大拇指轻轻地晃。当时的裘先生四十多岁,他完全不知道,自己压了季先生一路。"

无论季羡林多忙,也无论他手头有多少更重要的工作要做,他总是乐于为别人的著作写序,这也正是季羡林先生的序写得如此之多的原因。不仅如此,季羡林往往还会在某个序言里面列举一大串年轻人的名字,唯恐别人不知道他们。替年轻人看稿子,推荐发表更是家常便饭。

现在已是著名历史学家的浙江大学卢向前教授,早年曾在北大读研究生。季羡林在做研究时,曾经托卢向前代为查阅一份敦煌卷子,为了表示感谢,季羡林特意在一天中午来到杂乱不堪的学生宿舍,邀请卢向前吃饭。这件事情轰动北大,传为美谈。

有句古话叫做："君子成人之美。"年轻人要想找到一个能展示自己的平台非常不容易，很多年轻人梦想还未开始就已破碎。他们需要的仅仅是那么一个被关注到的机会，季羡林深知这一点，所以对年轻人，他从来都是不遗余力的揄扬、褒奖。他乐于看到年轻人有所作为，甚至乐于看到年轻人个个超过他，因此，他才会尽自己所能地为年轻人提拔、推荐、写序，等等。

历史上有一些人嫉贤妒能，生怕别人抢了自己的风头和地位，对有才能的人极力打压、残酷迫害。春秋末期，孙膑和庞涓同为鬼谷子弟子，师兄庞涓先下山赢得了魏王的重用，师弟孙膑前来投奔后，庞涓假惺惺推荐给魏王，却又担心孙膑超过自己，便设计剜去孙膑的两个膝盖骨，孙膑靠装疯卖傻才得以逃到齐国，最终率兵打败庞涓，报了仇。

要抛却嫉妒心和不平衡之感，因为这两种心理很容易使人走向极端，就如同庞涓残害自己的师弟一样，非常可怕。其实，对别人提携是一件利人利己的事情，别人不会因为日后的功成名就而忘了当初的知遇之恩，即便是忘了，自己也算是对这个社会作出了贡献。

1928年，沈从文26岁，以一手灵动飘逸的散文震惊文坛，但他毕竟只有小学学历，而当时任中国公学校长的胡适，居然聘请沈从文做该校讲师。

沈从文第一次走上讲台时，见台下座无虚席，心里陡然一惊，紧张得呆了近十分钟，竟一句话都说不出来。无奈之下，沈从文只好老老实实地在黑板上写着：今天是我第一次上课，人很多，我害怕了。

胡适听说此事后，不但不讥诮讽刺，反而对沈从文的坦言与直率大加赞赏，说："上课讲不出话来，学生不轰他，这就是成功。"

以沈从文的资历，如果没有胡适的鼎力相助，他是进入不了大学门槛的。

后来，沈从文论及胡适时说："适之先生的最大的尝试并不是他的新诗《尝试集》，而是把我这位没有上过学的无名小卒聘请到大学里来教书。这才是他最大胆的尝试！"

1946年秋，季羡林在胡适的领导下学习和工作，季羡林写了一篇《列子与佛典》的论文，写成后给胡适看，第二天胡适就给季羡林写了一封信，信中说："《生经》一证，确凿之至！"胡适是连夜看完的，这让季羡林非常感动。

季羡林与胡适学术辈分不同，社会地位悬殊，但季羡林每忆及他们之间的关系时，都说："从来没见他摆过当时颇为流行的名人架子、教授架子。我作为一个年轻的后辈，在他面前，绝没有什么局促之感，与适之先生交谈，听其教导，经常如坐春风中。"

胡适晚年时任中央研究院院长，喝下午茶时，他经常同年轻的研究人员坐在一起聊天。有一次，他说："做学问应该像北京大学的季羡林那样。"听说这件事情的季羡林百感交集。

在学习与工作中提携后辈，可以扩展到生活里的方方面面。见到别人好时自己要高兴，不要得了"红眼病"，总见不得别人好。机遇对每个人都是公平的，如果别人干出成绩，进步比自己快，我们一方面要真诚地为别人的成功喝彩，另一方面则应多从自身找原因。"行有不得，反求诸己"，不如别人就找自己的毛病。面对别人取得的成就拍手叫好，真心祝福。这才是一种健康的处世之道。

第四课

韧——水之道也是人之道

1. 天行健,君子以自强不息

　　季羡林先生曾经这样描述他的人生道路:"六岁那年,我从那个小村庄里走出,走向通都大邑,一走就走了九十多年。我走过阳关大道,也跨过独木小桥,有时候歪打正着,有时候也正打歪着,坎坎坷坷,跌跌撞撞,磕磕碰碰,推推搡搡,云里,雾里……"这么多年下来,季羡林吃的苦,流的血和汗不计其数,各种委屈与艰辛恐怕只有他自己才能明白,但是季羡林始终深信那句古训:"自强不息。"

　　这四个字让季羡林熬过了艰难的岁月。在大起大落间,季羡林就像那长江之水,毫不停息,一直奔涌向前。

　　小时候的季羡林,基本上是一个野孩子,野地里疯,野地里长。他出过天花,脸上留下淡而又淡的伤疤,虽然不怎么显形,但终归是个缺陷。季美林四五岁时,由父亲做主,跟一位姓马的先生习字。但是他的家境异常贫寒,连生存都是问题,更别说有钱供他读书了。

第二次世界大战爆发时,季美林正在德国留学。由于战乱,物资缺乏,餐桌上最先消失的是香肠,后来是黄油,最后就只剩一片有鱼腥味的面包了。最初还有茶可喝,后来只能喝白开水了。但生活的困难并没有阻碍季美林读书。在哥廷根的中国学生极少,甚至有一段时间,全城只有季美林一个中国人。

这种孤独寂静的环境,正好给了季美林前所未有的读书的机会,他就是在这种炮火连天、时刻都有生命危险的环境中读书的。

1914年梁启超先生到清华以"君子"为题做演讲时,曾用《周易》中"乾"、"坤"二卦象曰:"天行健,君子以自强不息;地势坤,君子以厚德载物。"以此激励清华学子发愤图强。自此,"自强不息,厚德载物"为清华大学校训。

汉代人李咸作《送人》:"眼前多少难甘事,自古男儿当自强。"自强,就是说自己强大,相信自己强大,并把自己磨炼得更加强大,这样才能面对来日未知的困难,若不能自强,只好四处寻找避风港,又如何能够成事呢?

宋代的司马光编写《资治通鉴》,历时19年,那时他已老眼昏花,截稿后不久就去世了;明代的李时珍撰写《本草纲目》,跑遍了名川大山,收集了大量资料,用了整整27年的光阴;谈迁作《国榷》花了20多年才完成,不料一夜间书稿被窃,多少心血付之东流,可是他毫不泄气,下决心重写,又用8年终于完成了。这些都是自强不息的例子。

《诗经》中有句话叫:"靡不有初,鲜克有终。"这是告诉人们,有个好的开始不难,关键是如何把它持久地坚持下去。自强不能只是"一时之强",

要在头破血流,深陷荆棘时仍然坚持一种强大的意志力才可以,要像长江一样奔涌不息。

路就在脚下,无论前方是坦途大道,还是布满荆棘的羊肠小道,我们都必须勇敢地走下去,这样才能走向成功。

司马迁,字子长,生于史官世家,20岁开始了他的游历生活。他访问夏禹的遗迹;到过姑苏,眺望范蠡泛舟的五湖;访求过韩信的故事。大多数名人的发祥之地他都去过,此外他还北过涿鹿,登长城,南游沅湘,西至崆峒。

回到长安后,司马迁的父亲司马谈去世。临终前,他对司马迁委以重任,要他做一本史书。司马谈死后,司马迁继任父职为太史令,开始整理史料。

天汉二年,大将军李陵出征匈奴时被围,在矢尽粮绝的情况下投降匈奴。消息传到长安后,汉武帝大怒。朝廷的文武百官,都大骂李陵投降可耻。司马迁默不作声。汉武帝问他有何见解,司马迁直言道:"李陵转战千里,矢尽道穷,古代名将也不过如此。他虽投降,尚属情有可原。臣以为只要他不死,他还是会效忠汉朝的。"

盛怒中的汉武帝听了司马迁的这番话,认为他是在为李陵辩解,于是把司马迁判为死罪。汉武帝时代,判了死罪的可以出钱50万免去罪责。但家境并不富裕的司马迁拿不出这笔钱,只能受宫刑来选择"偷生"。

司马迁一度想要自杀,但是想到父亲的遗言,他咬着牙坚持下来,写就了一部"史家之绝唱,无韵之离骚"——《史记》。

像司马迁在《报任安书》中所写的:"盖西伯文王拘而演《周易》;仲尼厄而作《春秋》;屈原放逐,乃赋《离骚》;左丘失明,厥有《国语》;孙子膑脚,《兵法》修列;不韦迁蜀,世传《吕览》;韩非囚秦,《说难》、《孤愤》……"这些人都是自强不息之辈，面对重重困厄毫不放弃对目标的坚持，最后留下传世之作。

自强不息一直是中华民族的优秀品格，从上古时代一直传承至今，没有丝毫间断。所以我们每一个人都应该学习这种精神，并将之深深扎根于自己的灵魂深处，才算是对民族精神的一种传承。

2. 安时顺势，乐天知命

有人曾求教季羡林长寿秘诀，季羡林回答说："我的秘诀就是没有秘诀，或者不要秘诀。"季羡林的意思很直白，不要把生活中的曲曲折折放在心上，该是什么就是什么。而且季羡林毫不忌口，不会因为某样东西养生就多吃，某样东西有害身体就少吃，他几乎什么都吃，只是喜欢的就多吃，不喜欢的就少吃。

从养生的角度上，我们能够看出季羡林具有的一种基本的处世观，那就是"安时顺势，乐天知命"。

经受了苦难的"洗礼"，按季羡林自己的话来说，他已经是死过一次的人了。季羡林早就抛开了恐惧，在他的认知中，多活一天都是赚，还有什么可怕的。

季羡林曾写道："我斜眼看了看主席台的桌子上摆着三件东西：一是明晃晃的一把菜刀；一是装着烧焦的旧信件的竹篮子；一是画了红的蒋介石和宋美龄的照片。我心里一愣，几乎吓昏了过去。我想：'糟了！我今天性命休矣！'对不明真相的群众来说，三件东西的任意一件都能激发起群众极大的仇恨，都能置我于死地。今天我这个挂头牌的主角看来是凶多吉少了。古人说过：'既来之，则安之。'地上没有缝，我是钻不进去的。我就'安之'吧。"

"我不知道，批斗总共进行了多长的时间。真正批得淋漓尽致。我这个主角大概也'表演'(被动地表演)得不错。恐怕群众每个人都得到了自己那一份享受，满意了。我忽听得大喊一声：'把季羡林押下去！'我又被反剪双手，在拳头之林中，在高呼的口号声中，被押了出去。然而热情高涨的群众们的革命义愤还没有完全发泄出来，追在我的身后，仍然是拳打脚踢，我想抱头鼠窜，落荒而逃，却办不到，前后左右，都是追兵。好像一个姓罗的阿拉伯语教员说了几句话，追兵同仇敌忾的劲头才稍有所缓和。这时候我已经快逃到门外。回头一看，后头没了追兵。心仿佛才回到自己的腔子里，喘了一口气。这时才觉得浑身上下又酸又痛，鼻下，嘴角，额上，黏糊糊的，大概是血和汗。我就这样走回了家。"

《庄子·养生主》说："安时而处顺，哀乐不能入也。"意思就是要顺其自然，要摆正心态，任何悲伤消极的情绪都不能进入内心。这并不是说我们要做一个对待生活毫无感情的木头人，而是要顺其自然地对待生活中的事情。无论是令人高兴的，还是让人难过的，都不让它干扰我们的内心。也就是说，我们可以有情绪，该哭的时候哭，该笑的时候笑，但是哭完笑完就让它过去。

《周易·系辞上》记载："乐天知命，故不忧。"当然，每个人都不可能知道生命的下一分钟会发生些什么，所以我们能做的就是做好准备，顺其自然，而不是杞人忧天，终日惶恐不安，也不是焦虑不安，惶惶于未来，这样才能"故不忧"。

孔子说："《关雎》，乐而不淫，哀而不伤。"意思是说，《关雎》这首诗快乐不是没有节制的,悲哀却不至于过于悲伤。在做人上,我们也应该做到这样。抗战时期,梁实秋迁居重庆乡下,在主湾山腰买了一栋平房。这房子俨然一副"陋室"的模样:有窗而无玻璃,风来则洞若凉亭;有瓦而空隙不少,雨来则渗如滴漏。附近有高粱地,有竹林,有水池,有粪坑,可谓失意之极。就是这样的地方,却被梁实秋起了个风雅的名字——"雅舍",而梁实秋在此一住就是七年。梁实秋深知此中苦乐滋味,在此间写下了风动一时的《雅舍小品》。

清代名臣纪晓岚,四岁开始读书,11岁随父入京,21岁中秀才,24岁应顺天府乡试,为解元。紧接着母亲去世,在家服丧,闭门读书。后来入朝为官也颇为坎坷。

乾隆十九年至三十三年,正是纪晓岚在翰林院春风得意之时。据《清高宗实录》记载,乾隆三十三年六月,两淮盐政卢见曾因有营私贪污行为而被革职查办。纪晓岚则因为通风报信而被发配到乌鲁木齐。

当时,纪晓岚在得知消息后,想预先通知卢家,但又怕引火烧身,不敢轻易传话。后来,纪晓岚想出了一个绝妙的办法,他把一点食盐和茶叶封在一个空信封里,里外未写一字,星夜送往卢家。卢见曾从中悟出其中的隐语:"盐案亏空查封。"

然而,经过朝廷的严密侦缉,此事终于败露。同年十月,纪晓岚被遣到乌鲁木齐赎罪。

乾隆三十六年六月,纪晓岚奉召回京,此时,他已在新疆待了两年多。在这两年多的时间里,他的大儿子纪汝佶病亡,爱妾郭彩符在纪汝佶西归不久后也撒手人寰。

在这段日子里,纪晓岚对人生有了更深切的感悟,体会到了君主的无常、官场的险恶与世态的炎凉。一代大学士纪晓岚变得十分落魄。他曾为自己的一块砚台赋诗:"枯砚无嫌似铁顽,相随曾出玉门关。龙沙万里交游少,只尔多情共往还。"

纪晓岚一生坎坷,却始终嬉笑怒骂。他曾三迁御史,三入礼部,两次执掌兵符,最后竟以礼部尚书、协办大学士加太子太保管国子监事致仕。

有句古话叫做:"兵来将挡,水来土掩。"任何事情都有一个解决的办法,它来便来,不来也无所谓,我们只要过好每一天就够了。宋朝留下了一座庙,这座庙门上有一副对联:"得一日粮斋,且过一日。有几天缘分,便住几天。"这就是一种安时顺势,乐天知命的心境。生活是艰难的,但是更多的艰难是人为臆想出来的,只要看开这一切,就没什么大不了的。

3. 挫折和考验是磨炼自己的机会

季羡林一生遭遇种种挫折,但是他并没有意志消沉,反而把这些挫折当成了一种磨炼自己的机会。就拿他留德十年来说,季羡林形容道:"如果我的学术研究有一个发轫期的话,那么就是在德国期间开始的。"

季羡林在留德期间遭遇到了第二次世界大战,物资匮乏,战火纷飞。在遥远的德国,季羡林饱受思乡之苦,还曾因梦里见到家乡而痛苦醒来,身边甚至都没有熟悉的朋友。

但是季羡林却这样回忆道:"我已经活过了八个多十年,已经到了望九之年。但是,在读书条件和读书环境方面,哪一个十年也不能同哥廷根的十年相比。在生活方面,我是一个最枯燥乏味的人,所有玩的东西,我几乎全不会,也几乎全无兴趣。我又是一介穷书生,没有钱,其实也是没有时间冬夏两季到高山和海滨去旅游。我所有的仅仅是时间和书籍。"

明初大文学家宋濂曾经在《送东阳马生序》里自叙自己年少时读书所经历的磨难:"余幼时即嗜学。家贫,无从致书以观,每假借于藏书之家,手自笔录,计日以还。天大寒,砚冰坚,手指不可屈伸,弗之怠……当余之从师也,负箧曳屣行深山巨谷中。穷冬烈风,大雪深数尺,足肤皲裂而不知。至舍,四支僵劲不能动。"历史上诸多伟大的人物,无一不是从坎坷磨难中走出来的,然而也正是这些磨难,才铸就了他们的成就。

古人云:"自古雄才多磨难,从来纨绔少伟男。"我们看那些长得最茂盛,年代最久远的大树,其根在地下绵延几十米,但在它们还是小树的时候,也都经历过风吹雨打,每一次磨难便促使它的根系更发达,最后才变成参天大树。

吴国的太宰伯问子贡说:"孔夫子是位圣人吧?为什么这样多才多艺呢?"

子贡说:"这本是上天让他成为圣人,而且使他多才多艺。"

孔子听到后说:"太宰怎么会了解我呢?我小时候生活艰难,因为要谋生,所以才学会了这些本事啊。"

孟子曰:"天将降大任于斯人也,必先苦其心志,劳其筋骨,饿其体肤,空乏其身,行拂乱其所为,所以动心忍性,增益其所不能。"意思是说,上天用苦难来使人的心惊动,使人的性格坚韧起来,增加人所不具备的才能。

因此,我们应该清楚地看到,年轻时期遭遇种种挫折磨难其实是一件莫大的好事。一块铁,要经过千锤百炼,反复击打和不断地淬炼,才能变成一把修长锋利、寒光毕露的宝剑。我们人生也是这样,一路上要经过种种磨难,有时候甚至会磨出血来,只有这样才能够让我们的身心更加坚韧。

　　明太祖朱元璋,曾经是一个平凡的农民的儿子,幼时家境贫寒,年纪轻轻便为地主放牛补贴家用,从小就体会到了世态炎凉;十几岁的时候,家人先后离去,再加上元政府腐败,战乱频频,民不聊生,朱元璋不得已出家做了和尚,开始了四处讨饭的生活。然而,这时候的朱元璋并没有因为生活困顿而放弃希望,相反,他努力地寻找一切可以读书的机会。那时候的他,生命里只剩下两件事情:一是填饱肚子,二是读书。

　　在四处讨饭的日子里,朱元璋受尽了白眼和冷遇,他开始愈加发奋。虽然他看不到出路在哪里,自己的未来又在哪里,但是他知道的是不讨饭就要饿死,这种紧迫感逼迫着他不停地向前。

　　有一天,朱元璋的一个同乡做了起义军的千户,他便给朱元璋写了一封信,邀请朱元璋参加,但是朱元璋却把信烧掉,不予理睬。可谁知,这件事情让同寺的和尚知道了,并将此事报给了官府,无奈之下,朱元璋便参加了起义军。

　　朱元璋经过多年征战,终于统一了天下,建立明朝。

　　有的人,总是希望避开磨难挫折,希望自己的生活一帆风顺,结果让自己变得如同温室里的花朵,不堪一击;还有的人,想要承受磨难,却没有坚韧不拔的意志,最后被磨难打败,一无所成,这些都不可取。做人要有一种"长风破浪会有时,直挂云帆济沧海"的豪迈,面对艰难险阻,毫不犹豫,努力向前,为人生增添色彩。

　　在现实生活中,先甜后苦让人委靡不振,心灰意懒;而苦尽甘来则让人厚积薄发,建功立业。有人说:"生活是最好的老师。"生活的磨难无疑是提高自己能力、磨砺自己心志的,最扎实、最快速的方式,当我们学有所成的时候,就是我们收获的时候。

4. 把绊脚石当作垫脚石

季羡林曾评价文化大革命："在悲哀、孤独、恐惧之余，我还有一个牢固的信念。如果把这一场灾难的经过如实地写了出来，它将成为我们这个伟大民族的一面镜子。常在这一面镜子里照一照，会有无限的好处的。它会告诉我们，什么事情应当干，什么事情又不应当干，决没有任何坏处。"

很显然，季羡林希望把文化大革命变成一个警钟，一面镜子，更是一个垫脚石。他希望通过这一场灾难警醒中国人，让悲剧不再发生，让美好的生活永存，这也促成了他写就《牛棚杂忆》。

季羡林在《牛棚杂忆》的自序中写道："十年浩劫正式结束1976年，我的书十六年以后到了1992年才写，中间隔了这样许多年，所为何来？这十六年是我反思、观察、困惑、期待的时期。"

文化大革命期间，季羡林遭受过自行车链条的鞭打，曾爬行两个多小时去看病，游街、暴晒更是家常便饭。他希望将这些述以文字，让大家清晰地看到那个时代的模样，一来珍惜现在的生活，二来不让悲剧重演。季羡林顶着巨大的压力将书写出来，而且写的都是自己被打、被羞辱的往事，让人不得不敬佩季羡林甘心做人民垫脚石的精神。

季羡林经过反思写道："蹲过牛棚、有这种经验而又能提笔写的人无虑百千。为什么竟都沉默不语呢？这样下去，等这一批人一个个遵照自然规律离开这个世界的时候，那些极可宝贵的、转瞬即逝的经验，也将会随之而消泯得无影无踪。对人类全体来说，这是一个莫大的损失。对有这种经验而没有写出来的人来说,这是犯了一个极大的错误。"或许文化大革命是一个不幸的过程,但是终究会有好的结果。经历不幸的时候我们要怀有希望,否则等待我们的依然是不幸。

当我们走在通往成功的路上时,绊脚石会很多,有些是可以轻易绕过去的,有些却会一直堵在我们的面前,无法绕过,它会磕破我们的脚趾,会使人摔倒,有些甚至可以让我们头破血流。对此,很多人选择绕路,或者干脆选择停滞不前,以此来逃避绊脚石;而有些人却只是在摔倒之后埋怨几句,然后继续向前,没过多久就把被绊倒的经历忘得一干二净。

人人都会遇到不幸,但是更多的人在被绊倒以后就再也爬不起来了,即使有人爬起来了也忘记了曾经绊倒他的那块顽石。这些人其实都不懂得怎样把绊脚石变成垫脚石。

我们不能让自己在经历磨难坎坷时的血与汗白白流失,而是要让它们发挥出真正的价值。也就是说,要学会在这一过程中成长起来,把自己的能力提升上去,并且学会总结经验,逐渐垫起自己的脚,达到"会当凌绝顶,一览众山小"的高度。

"舜发于畎亩之中,傅说举于版筑之中,胶鬲举于鱼盐之中,管夷吾举于士,孙叔敖举于海,百里奚举于市。"没有哪一个人可以一步登天,每一位都必须经历重重的挫折与磨难,然后让自己的才能越磨越亮,直到最后完全被激发出来。

天启元年(1621年),28岁的谈迁因母亲亡故,守丧在家,期间读了不少明代史书。谈迁觉得其中错漏甚多,因此立志编写一部翔实可信,符合明代历史事实的明史。

在此后的26年中,谈迁长年背着行李,步行百里之外,到处访书借抄,广搜资料,终于卒五年之功而完成初稿。以后陆续改订,积26年之不懈努力,六易其稿,撰成了百卷400多万字的巨著《国榷》。

清顺治四年(1647年)八月,谈迁即将付印的书稿被小偷盗走。26年的心血付诸东流,谈迁心痛欲裂,悲愤地仰天长号。但是,沉重的打击没有动摇谈迁的志向,他想:书稿丢了,可人还在,只要我还有一口气,书就一定要写出来。

谈迁忍住悲痛,重新拿起了笔。尽管年事已高,体弱多病,记忆衰退,行走不便,但是倔犟的禀性和执著的信念支撑着他千里奔波搜寻史料,夜以继日,笔耕不辍。

经过4年的努力,谈迁终于完成新稿。顺治十年(1653年),60岁的谈迁,携第二稿远涉北京,在北京两年半,走访明遗臣、故旧,搜集明朝遗闻、遗文以及有关史实,并实地考察历史遗迹,加以补充、修订,使这部呕心沥血之巨作得以完成。书成后,署名"江左遗民",以寄托亡国之痛。

清代文学家蒲松龄有一副对子这样写道:"有志者、事竟成,破釜沉舟,百二秦关终属楚;苦心人、天不负,卧薪尝胆,三千越甲可吞吴。"蒲松龄幼年便有奇才,少年得意,19岁科考得县、府、道第一。青年时期热衷举业,却屡屡失利,自嘲是"年年文战垂翅归,岁岁科场遭铩羽"。蒲松龄为了激励自己不断发愤读书和创作,于是就在压纸用的铜尺上刻上了这副对联。

有一句话叫做:"失败者把困难当作绊脚石,成功者把困难当作垫脚石。"这其实说的就是两种心态。南怀瑾也说:"天下的事情,当好事来的时候,都有困难。不经过困难而成功的,绝对不是好事;轻易得到的,很快就会失去。一个真正成功的事业,没有不经过困难来的。"把困难当成一种财富,一种磨炼自己的"磨刀石",想见彩虹就要经历风雨,想要站在人生的高峰就要不断地积累绊脚石,战胜它们,最后踩着它们登高望远。

5. 学会争气而不是生气

季羡林任何时候都满脸笑容,这是经过岁月洗礼后的心态。在年轻的时候,季羡林也跟大多数的年轻人一样,冲动,爱生气,不过他把生气当成了一种动力,用在自己做研究上面。

1935年,季羡林乘坐西伯利亚铁路的列车经苏联赴德国,火车经过中苏边界上的满洲里时停车4个小时,由苏联海关检查行李。这在当时是无可厚非的,入国必须检查,这是世界公例。

季羡林在哈尔滨买的一把最粗糙的铁皮壶,成了被检查的首要对象。这里敲敲,那里敲敲,薄薄的一层铁皮绝对藏不下一颗炸弹,然而对方却敲打不止。季羡林感觉受到了一种严重的种族歧视,他真的有点无法容忍,想要发火。这时,坐在季羡林身旁的一位年老的老外,看到他的神态,就在他耳旁悄悄地说了句:Patience is the great virtue(容忍是很大的美德)。季羡林听后立即心平气和,对老外笑了笑。

1940年12月至1941年2月,季羡林在论文答辩和印度学、斯拉夫语言、英文考试中得到4个"优",获得博士学位。季羡林在留德期间发表在德国最权威的刊物上的几篇非常厚重的论文,都是以当时印欧语言学领域最前沿的问题为关注点,并且引起了轰动。季羡林就是用这样的方式为中国人赢得了荣誉。

2008年9月,哥根廷大学举行了第一届国际校友会,将当年"杰出校友"的荣誉称号颁给了季羡林。

有些人，一旦觉得自己吃亏了，就容易引起很大的情绪波动。有的时候，当一个人指责另一个人工作做得不好，或者能力不行时，对方就立刻愤怒地冲上去跟此人理论，这种生气的争论其实毫无作用。不管对方说的对与不对，冲上去理论得再好，指责你的人也不会因此改变对你的看法，甚至还会多一条对你的评价：不虚心，刚愎自用。

在面对这种情况的时候，我们要做的就是任由对方去说，只用行动说话，若自己真正地把事情做成了，对方自然就会闭上嘴巴，甚至可能还会亲自过来道歉。

生气只会气坏自己的身体，于健康不利。那些琐碎的、令人心烦的事，根本不值得生气，更没必要再因此产生患得患失的不良情绪。

"我真的会被他气死！""这件事情快气死我了！"相信大家对这种情绪绝不陌生。忙碌的生活，周而复始的工作，没有人能逃避挫折和生气。生气过头，就成了愤怒。愤怒会使情绪的平衡遭受破坏，如果把什么事情都闷在心里，久而久之难免会损害身体，影响工作，耽误前程。哲学家康德说："生气，是拿别人的错误惩罚自己。"因此要合理地宣泄情绪，疏导心中的怨气，化愤怒为力量，使自己尽快走出阴影，愉快地投入到工作中去。

美国研究应激反应的专家理查德·卡乐森说："我们的恼怒有80%是自己造成的。"他把防止激动的方法归结为这样的话："请冷静下来！要承认生活是不公平的。任何人都不是完美的，任何事情也都不是一定会按计划进行的。"

国学大师傅佩荣在教学研究、写作、演讲、翻译等方面都有着卓越的成就。他的"哲学与人生"课在台湾大学开设17年以来，每堂课都座无虚席。2009年，傅佩荣受央视邀请，在《百家讲坛》主讲《孟子的智慧》，得到众多学者、大师的认同。然而，就是这样一位成就卓越的学者和演讲家，过去也曾饱受嘲弄与歧视。

幼年的傅佩荣很是调皮,常学别人口吃,不料这个恶作剧却最终导致他自己不能流畅地表达。9年的时间里,傅佩荣的口吃常常被人视为笑柄,这给他带来了极大的心理压力。从那以后,傅佩荣发奋改正,疯狂地练习,不为别的,他只为争一口气。最终,凭着多年的努力,他终于克服了口吃,成为众人敬仰的演说家。但这段被人嘲笑的经历,还是在他的人生中留下了难以磨灭的记忆。

一次,傅佩荣去赴一个访谈之约。那天天气极其炎热,但他仍坚持穿着笔挺的西服接受访谈。因场地未设麦克风,他就大声说话,甚至几乎变成了喊。到后来,他的嗓子都哑了。众人深受感动,无不赞美傅佩荣为人谦逊,没有名人的架子。傅佩荣说:"曾经口吃的痛苦经历让我对自己提出了两点要求:一是我终生都不会嘲笑别人。因为我被人嘲笑过,知道被嘲笑的滋味,这使我自身没有优越感。二是我非常珍惜每一次说话的机会。因为我曾经不能流畅地说话,所以现在当有机会表达时,我会非常珍惜。"

有一句话叫做:"愚蠢的人只会生气,聪明的人懂得去争取。"其实道理很简单,生气除了伤及自己心神,丝毫不能改变什么,还不如将别人的误解、嘲笑、看不起当作前进的动力,时时刻刻激励自己。当我们自己把事情做得更好时,别人自然会改变对我们的看法。

6. 能屈能伸,收放自如

"文化大革命"期间,季羡林曾因忍受不了屈辱而想要自杀,他甚至连安眠药都准备好了,可是他后来又想到,如果能够走过这个时期,那还有什么坚持不了的,况且自己还有诸多事情没有做完。于是,季羡林便以惊人的意志力支撑了下来,这才成就了今天的国学大师。

在逆境中,困难和压力会同时袭来,这个时候应懂得一个"屈"字;在顺境中,幸运和环境皆有利于我,这个时候当懂得一个"伸"字。能屈能伸,刚柔并济,才能在顺境逆境中收放自如。

"大丈夫能屈能伸",就是要在失意时能忍耐,在得志时能大干一番。处于逆境之中,要学会把自己锋芒的一面隐藏起来,以等待最佳时机的到来。做人就要像水一样,可以柔软地穿透任何一个细孔,也可以坚硬的堪比钢铁。

俗话说:"人在屋檐下,哪能不低头。"然而现实中偏偏有人就不低头,偏要迎着低矮的屋檐而去,结果被撞得头破血流。有的时候,现实太过坚硬,我们低一下高昂的头颅又能如何呢?《易·系辞下》记载:"尺蠖之屈,以求信也;龙蛇之蛰,以存身也。"做人应如弹簧,能够随时收缩、随时伸展,为了保全自己收缩隐忍是明智的选择。

苏轼在《留侯论》中写道:"匹夫见辱,拔剑而起,挺身而斗,此不足为勇也。天下有大勇者,卒然临之而不惊,无故加之而不怒;此其所挟持者甚大,而其志甚远也。"他又说:"汉高祖之所以胜,项籍之所以败者,在能忍与不能忍之间而已矣。"

《三国演义》第五十八回记载,曹操率军与马超在潼关交战。曹操大将于禁出战,斗了八九回合,于禁败走。张郃出迎,随后也败走。李通出迎,马超奋勇厮杀,数合当中,一枪把李通刺下马。马超把枪往后一招,西凉兵一齐冲杀过来。西凉兵来势凶猛,曹军将士都抵挡不住,只听得西凉军大叫:"穿红袍的是曹操!"曹操就马上急脱下红袍。又听得大叫:"长胡子的是曹操!"曹操惊慌,拿着佩刀马上割了胡子。军中有人把曹操割胡子的事，告诉了马超。马超又叫人大喊："短胡子的是曹操！"曹操听见喊声，立即扯起衣角包着下巴逃跑。

在那个时代，大家奉行的是"身体发肤受之父母"一说，不管是头发还是胡须，都是不可以随便剃掉的，否则就是大不孝。但是曹操却很清楚，大丈夫能屈能伸，在性命面前，什么都不重要，他这才割了胡子，弃了长袍，最终保住了性命，成就了后来的霸业。

诸葛亮出师北伐，但是司马懿坚守不出，两军对峙百余日，诸葛亮知道自己将不久于人世，心中着急，加之北伐远征，耗费巨大，兵粮不足，便加紧派人挑战司马懿。无论是叫骂、喊话，司马懿就是不出来。诸葛亮还特意给司马懿送了一套女人衣服，表示司马懿就像女人一样，司马懿坦然接受，仍然不出来。最后拖得诸葛亮命丧五丈原，空留遗憾。

当我们在人生中碰到对自己不利的事情时，千万不可逞血气之勇，也千万不可认为"士可杀不可辱"。为了长久的利益，吃一点眼前亏也无妨，毕竟吃亏只是暂时的。

能屈能伸，当刚则刚，当柔则柔，也要做到屈伸有度。不能对我们不利的时候就缩起来，对我们有利的时候又站出来颐指气使。要合理地把握屈伸的度，毕竟有很多关于原则上的问题还是不能够屈服、让步的。

第五课

恭——无为无争,低调谦让

1. 谦受益,满招损

季羡林晚年时,常常跟自己的学生和身边的人念叨,说他还有很多不懂的地方,就怕没时间研究了。他还多次在自己的著作里提到自己所做的研究,只不过皮毛而已,"大师""泰斗"实在言过其实。

中央电视台主持人朱军到医院看望并采访季羡林,在谈到"国学大师""学术泰斗"和"国宝"这三个称呼的时候,老先生直说:"不敢当。"

朱军说:"这三个桂冠多好啊,您怎么就不接受?甚至还写了三篇文章:'辞大师''辞泰斗''辞国宝'。"

老先生回答:"这三个帽子太大了,也不能说我没做一点儿事,但我做的那点事情还够不上。"

老先生又说:"满招损,谦受益。"意思是说,自满就会招来损害,只有谦虚才能有益处,有好处。

2006年,季羡林的一本回忆文集出版,该书的前言初稿中有"国学大师""国宝级学者""北大唯一终身教授"等字眼,但在正式出版前却被删去。有记者在新书发布会上提到了这个问题,负责编辑的人表示,这是出于对季羡林的崇敬,原稿确实有"国学大师"等称呼,可是季羡林看了很不高兴,他说:"真正的大师是王国维、陈寅恪、吴宓,我算什么大师?我生得晚,不能望大师们的项背,不过是一个杂牌军而已,不过生得晚些,活的时间长些罢了。我写的那些东西,不过是小儿科,哪里称得上什么'家'?这不是谦虚,是实事求是。"

季羡林曾在一篇文章中指出,在当今中国的学坛上,自视甚高者,所在皆是;而真正虚怀若谷者,则绝无仅有。季羡林并不认为这是一个好现象。有不少年轻的学者,写过几篇论文,出过几册专著,就傲气凌人。这不利于他们的进步,也不利于中国学术前途的发展。

《大禹谟》:"满招损,谦受益,时乃天道。""天道"就是天下的道理。意思是说,自满受到损害,谦虚受到益处是再正常不过的事情了。有一句话说:"越是饱满的稻穗越是低下头。"有的人因为一时能力出众,常常会出现自满的情绪,不把别人放在眼里,觉得自己要高于任何人。这样的心态非常常见,同时也非常要命,要知道过于炫耀的同时也是让人讨厌的开始。

唐朝名相魏徵也有相同的感悟:"自满者,人损之;自谦者,人益之。"曾国藩曾在给自己弟弟的信中写道:"吾人为学最要虚心。尝见朋友中有美材者,往往恃才傲物,动谓人不如己,见乡墨则骂乡墨不通,见会墨则骂会墨不通,既骂房官,又骂主考,未入学者则骂学院。"曾国藩表示,这样的人所作诗文并无过人之处,这样还要恃才傲物,最终"傲气既长,终不进功,所以潦倒一生而无寸进也"。

《庄子·养生主》中有这么一段话:"虽然,每至于族,吾见其难为,怵然为戒，视为止，行为迟。"这句话的大意为："虽然我杀牛的技术很高，但是当我到了一般杀牛匠那里，我看到那个杀牛的人，看到牛一来，非常小心，把刀磨得很快，非常谨慎的准备，我看到他们那种情形，自己不免也警觉起来，把我所看见的作为自己在做事时的榜样。"

所以说，做人切记自满，自满可谓是有百害而无一利。

三国时期的祢衡，少有才辩，性格却十分傲慢。曹操想说降刘表，孔融便将祢衡推荐给了曹操。祢衡见到曹操后，出语便是讥讽。面对曹操众多的文臣武将，祢衡说："天地虽阔，何无一人？"

曹操说："我手下有数十人都是当今英雄，何谓无人！"接着一口气列出手下十余位出类拔萃者，结果都被祢衡贬为废物。曹操非常生气，却也不想担负"杀才"的骂名，便忍住没杀祢衡。曹操对孔融说："祢衡这小子，我要杀他，不过像宰杀一只麻雀一样罢了！只是想到此人一向有虚名，杀了他，远近的人都会说我没有容人之量。"于是把祢衡送给刘表。

刘表对祢衡礼节周到，把他当作上宾。受到了礼遇的祢衡并不知足，反而喜欢讥讽刘表左右的亲信。于是，刘表的亲信就势诬陷祢衡，时间一久，刘表也起了杀心，但是他也不想留下杀名士的恶名。刘表知道江安郡太守黄祖性情暴躁，就把祢衡送到江安。

到了江安的祢衡依旧不安分，又当众辱骂黄祖，最终被黄祖杀死。

恃才傲物，自满自大很容易招人厌烦。鲁迅说："不自满是永远向上的车轮。"只有不自满，时刻保持着谦虚，才能有前进的动力。有一句话叫做："如果你觉得你行了，你也就离失败不远了。"自满自大不仅会招致祸患，还意味着停滞不前。有的人总觉得自己已经足够好了，不需要再努力了，很快就会被人远远地甩在后面。所以，一个人的谦卑非常重要，哪怕已经作出了巨大的贡献。

2. 人贵有自知之明

季羡林曾说过:"自古以来,中国就有一句老话,叫'人贵有自知之明'。这句话的潜在意思是,有自知之明并不容易,否则就不用说这句话了。"曹操有一句名言:"老骥伏枥,志在千里。"季羡林晚年时把它改成了"志在十里",从他的幽默中,我们不难看出,他很清楚自己即便年纪大了,也该有一个明确的目标,而不是开口说大话。

季羡林讲过一次"不服老"的经历。1995年,84岁的季羡林还把自己当作年轻人一样,当时正值季羡林写作的第二个高峰期,他精力充沛,每天跑一趟大图书馆,两年内,风雪无阻。用季羡林自己的话来说是"有点忘乎所以了"。

有一天早晨,季羡林照例四点半起床,到东边那一单元书房中去写作。进入状态后,便忘了时间,等到肚子饿才发现已经六点多了,季羡林便放下笔准备回西房吃早点。

可是不知是谁把门从外面锁上了,从里面开不开。季羡林出不去很着急,回头看到封了顶的阳台上有一扇玻璃窗可以打开,他不假思索地开窗跳出。从窗口到地面约有一米八的高度,季羡林一落地就跌倒了,刚开始脚后跟有点痛,但他却像没事人一样一整天都在开会,第二天又去天津南开大学作报告。直到第三天,季羡林才去校医院去检查,发现左脚跟有一点撕裂。

后来季羡林回想起来,摔倒的地方旁边就是洋灰台阶的角,如果是脑袋碰上的话,后果真不堪设想,他自己想想都后怕。

老子在《道德经》中讲："知人者智，自知者明。"人了解别人是一种智慧，但全面地了解自己，清醒地认识自己，也是一种智慧，具有这种慧的人才能发挥自己的才能，扬长避短，战胜自身弱点，取得重大成就。所以，古人反复强调"自知之明"的可贵。

《太平广记》中记载了这样一则故事。

有一位监察御史，他文笔不行却爱好写文章，人家只要奉承他两句，他就拿出一部分钱财请客。监察御史的夫人劝他说："你并不擅长文笔，一定是你的那些同僚在拿你寻开心。"这位老兄想想好像是这么回事。从此以后，不管别人怎么说，他再也不肯出钱请客了。

生活里，如此被人提醒多么尴尬，若没有人提醒，时间久了，还真的以为自己是大文豪了。

每个人都有长处、短处，我们要有自知之明，要清楚地看到自己的长处在哪，短处又在哪。在受到别人追捧和万千宠爱的时候，始终能够清醒地看到自己的不足之处，才能够最大限度地发挥自己的才能。

《三国演义》里的蒋干自以为聪明绝顶，结果却中了周瑜的计，被耍得团团转，盗书反替赤壁的大火添加了燃料。春秋战国时期，邹忌被人三番五次吹捧美貌，最后他经过反省，得知自己并不如人所说那般美好，于是上谏齐王，使齐国强大。这两个相反的例子，让我们看到了人为什么要有"贵"有自知之明了。

有一次，孔子问子贡："你和颜回哪一个强？"子贡答道："我怎么敢和颜回相比？他能够以一知十；我听到一件事，只能知道两件事。"孔子赞扬了子贡，说他有自知之明。孔子非常推崇自知之明这一点，他认为一个人要学习首先就要从自知不足开始。

春秋时期,晋国发生内乱,介子推跟随公子重耳离开晋国,开始了长达19年的逃亡生涯。有一次,眼看重耳快要饿死了,介子推为了救他,就从自己的腿上割下来一块肉,煮汤给他吃。重耳知道后,向介子推许诺,将来一定报答他。

回到晋国的重耳,摇身一变成了晋文公。当时,周王室大乱,晋文公出兵勤王,没有对身边的功臣进行封赏。狐偃等人主动向晋文公请赏,介子推对此却非常鄙夷,他说晋文公返国,实为天意。介子推认为,忠君的行为发乎自然,没必要得到奖赏,并以接受奖赏为耻辱。

随后,介子推归隐绵山,晋文公派人前去寻找。绵山蜿蜒数十里,重峦叠嶂,谷深林密,根本找不到人。晋文公寻人心切,就命人放火烧山,可是大火烧了三天三夜,也没有见到介子推出来。大火熄灭后,人们发现了介子推与他母亲的骸骨。晋文公为此悲痛不已。

其实,介子推誓死退隐有两方面原因,一方面,他自己着实不爱功名利禄;另一方面,他认为自己只不过是"割股奉君"而已,毫无治国才能,若因此大受封赏,心里着实有愧,他很清楚自己的贡献究竟有多大,所以便选择了退隐山林。

1952年11月9日,以色列首任总统魏茨曼逝世,而与此同时,科学家爱因斯坦被提名为以色列总统候选人。爱因斯坦知道后大为惊慌,连忙推辞,他说:"关于自然,我了解一点;但关于人,我几乎一点也不了解。我这样的人,怎么能担任总统呢?"最后,爱因斯坦又登报澄清,正式谢绝参与总统竞选。

自知之明是一种难能可贵的智慧,一个人若无这种智慧便会狂妄自大,总觉得自己做什么事都可以,最后却都以失败告终。反之,一个人若能时常审视自己,看到自己的不足,不被荣誉、称赞蒙住双眼,才能够有长足的进步。

3. 不自恃过人的天资和才分

季羡林一生最怕被戴高帽。钱文忠在《我的恩师季羡林先生》开讲之前，曾专程向季羡林征求意见，而季羡林的全部意见只有三个字——"不夸大"。

来中国访问的印度总理辛格在社科院演讲时，称季羡林为"中国伟大的学者、当代最著名的印度学家"。

听到这样的赞誉，季羡林摆着双手，忙说"不敢当"。季羡林一生都在研究梵文等与印度有关的文化，印度总理能如此评价他，可见他的成就之高。但面对称赞，季羡林却一如既往地说"不敢当"。

不追名，不逐利，不恃才傲物，"学者"是季羡林守了一辈子的本分。他最怕的就是别人给他戴"高帽"。季羡林辞去三大桂冠，有人便说："那总得有几个头衔吧。"季羡林回道："北大教授，东方学者就足够了。"

季羡林晚年长时间在医院休养，身边每一个护士、大夫，或者其他的什么人，年纪小的都乐于叫他爷爷，年纪大的都叫他季老。有人来探望季羡林，他不管多累都要跟对方聊天，嘘寒问暖，待对方离开时，他虽不能起身相送，但也要目送对方消失在自己的视野里。

季羡林说："我自己怎样呢？我总觉得自己不行。我常常讲，我是样样通，样样松。我一生勤奋不辍，天天都在读书写文章，但一遇到一个必须深入或更深入钻研的问题，就觉得自己知识不够，有时候不得不临时抱佛脚。人们都承认，自知之明极难。有时候，我却觉得自己的'自知之明'

过了头,不是虚心,而是心虚了。因此,我从来没有觉得自满过。"

弘一法师曾经写下这样的句子:"有真才者,必不矜才。有实学者,必不夸学。"才华当然有助于一个人成就事业、创造辉煌,可是如果不能完全控制它,它就会变成拖累,毁掉一个人的事业和前程。太多的才子佳人一朝得意,却以失败告终,其致命原因,通常是性格过于张扬,遭人嫉妒。要么自己不用功努力,自然荒废;要么被人排挤,屡遭打击。

苏东坡是旷世奇才,其文洋洋洒洒,开创北宋一代词风。他所著的《念奴娇·赤壁怀古》亦成为千古绝唱,至于琴棋书画方面,更是无一不通,无一不精。若以才气而论,说他是"前无古人,后无来者"也一点都不为过。但是苏东坡有一个致命弱点,就是自恃天资聪颖,对谁都是不屑一顾,不仅数次与朝廷争胜负,而且在与人相处时也颇多讥诮,甚至连当朝的宰相王安石都要拿来取笑一番。苏东坡因此屡吃苦头,最终因"讥斥朝政"被贬。晚年的苏东坡曾做了一首《洗儿》诗,诗中云:"人皆养子望聪明,我被聪明误一生。惟愿孩子愚且鲁,无灾无难到公卿。"

恃才傲物的人往往容易成为"孤家寡人"。一个人若总是显示自己能力过人,就很容易给周围人带来一种压迫感,自然惹人讨厌。

毕秋帆是清代有名的经学家、史学家和文学家,他编纂的《续资治通鉴》可与司马光的《资治通鉴》相媲美。此外,他还中过状元,名满天下。因此,他对自己的才学非常的自信。

乾隆三十八年,毕秋帆任陕西巡抚。赴任的时候经过一座古庙,毕秋帆进庙内休息,看到一个和尚坐在佛堂上念经,他便让手下通报说巡抚大人来了,谁知这老和尚既不起身,也不开口,只顾念经。

毕秋帆见老和尚这样傲慢,心里很不高兴。老和尚念完一卷经之后,才离座起身,向毕秋帆合掌施礼。毕秋帆问道:"老法师诵的何经?"

老和尚回答:"《法华经》。"

毕秋帆说："老法师一心向佛，摒除俗务，诵经不辍，这部《法华经》想来应该烂熟于心，不知其中有多少'阿弥陀佛'？"

老和尚听后，知道毕秋帆心中不满，有意出这道题为难他。于是，他不慌不忙，从容地答道："老朽资质鲁钝，随诵随忘。大人文曲星下凡，屡考屡中，一部《四书》想来也应该烂熟于心，不知其中有多少'子曰'？"毕秋帆听了不觉大笑，对老和尚的回答极为赞赏。

随后，老和尚陪毕秋帆观赏菩萨殿宇，殿中十八尊罗汉各种表情，毕秋帆指着一尊笑罗汉问老和尚："他笑什么呢？"

老和尚回答说："他笑天下可笑之人。"

毕秋帆一顿，又问："天下哪些人可笑呢？"

老和尚说："恃才傲物的人，可笑；贪恋富贵的人，可笑；仗势欺人的人，可笑；钻营求宠的人，可笑；阿谀逢迎的人，可笑；不学无术的人，可笑；自作聪明的人，可笑……"

毕秋帆越听越不是滋味，连忙打断他的话，说道："老法师妙语连珠，针砭俗子，下官领教了。"说完深深一揖，便带领仆从离寺而去。

从此，毕秋帆再也不敢小看别人了。

一个人才华横溢是一件好事，难能的是懂得如何合理地利用自己的才华，一旦才华成为讨人嫌之物，以致耽误了自己的发展，那就得不偿失了。所以，越是有才华越应该谦虚低调。

4. 别太把自己当回事儿

季羡林的自知之明究竟从何而来呢？季羡林曾说："人们都承认，有自知之明极难。有时候，我却觉得，自己的'自知之明'过了头，不是虚心，而是心虚了。因此，我从来没有觉得自满过。"

由此可以看出，季羡林的自知之明应该是从他对自己的评价上得来，他认为自己有些"言过其实"，所以"心虚"。换句话说，季羡林一直没有把自己当成是一个"国学大师"，自然能够做出三辞桂冠的事情。

季羡林在他的《季羡林说自己》一书中说："古希腊哲人发出狮子吼：'要认识你自己！'……我是认识自己的，换句话说，是有点自知之明的。我经常像鲁迅先生说的那样剖析自己。"

20世纪80年代，高层曾有意请季老出任中国社会科学院副院长，而季羡林却说："我只会教书，不会做官。"谢绝了对方的好意。90年代，又有人推荐季羡林当中国作家协会主席，他说："叫我教授，我脸不会红；叫我作家，我脸会红，因为我只能算是作家票友，哪有资格当作协主席。"不过，当外文局请他出任中国翻译协会名誉会长时，季羡林却没有推脱。他说："我搞过翻译，懂翻译，关心翻译。当了名誉会长后，译协就必须向我汇报工作，我就有机会提意见，能为发展翻译事业做点实事。"

季羡林非常不愿意参加报告会，或者演讲，他认为自己并没有多少真正的成就，他曾说："我并不认为文章是自己的好。我真正满意的学术论文并不多。实际上，我没有认真写过诗。至于散文，自己真正满意的也屈指可数。"

有些人觉得别人把自己看轻了，实际上是他们自己把自己看重了。还总有人喜欢用"没有我，怎么会……"的话语，无时无刻不在强调自己的重要性。到头来，受打击的只能是自己。

建安九年，曹操攻破邺城，占领冀州，许攸立有功劳。但许攸自恃功高，屡次轻慢曹操，不分场合，直呼曹操小名，说："阿瞒，没有我，你得不到冀州。"曹操表面上虽嬉笑说"你说得对"，但心里却颇有芥蒂。一次，许攸出邺城东门，对左右说："这家人没有我，进不得此门。"有人向曹操告发，于是许攸被收押，最终被杀。

冰心曾写下过这样的诗句："墙角的花，当你孤芳自赏时，天地便小了。"有些人有了点成就，便喜欢时时刻刻欣赏自己的功绩，而且越看越觉得自己厉害，仿佛这个世界没有了自己便会崩塌。太把自己当回事儿的结果就是认为自己真的很重要，处处显摆，停滞不前，沉浸在自己的功勋里，故步自封。

英国文学家萧伯纳一日闲着无事，同一个不认识的小女孩子玩耍谈天。黄昏来临时，萧伯纳对小女孩说："回去告诉你妈妈，说是萧伯纳先生和你玩了一下午。"没想到小女孩子马上就回敬了一句："你也回去告诉你妈妈，就说玛丽和你玩了一下午。"其实，当我们把自己当回事儿时，别人可能并不把我们当回事儿。

布恩·塔金是20世纪美国的著名小说家和剧作家，他的作品《伟大的安伯森斯》和《爱丽丝·亚当斯》均获得普利策奖。在塔金顿声名最鼎盛时期，他曾在多种场合讲述过这样一个故事。

那是一次红十字会举办的艺术家作品展览会上，布恩·塔金作为特邀的贵宾参加了展览会。其间，有两个可爱的十六七岁的小女孩来到他面前索要签名。

"我没带自来水笔,用铅笔可以吗?"布恩·塔金想表现一下一个著名作家在对普通读者时的大家风范。

"当然可以。"小女孩们果然爽快地答应了,一个女孩将她那精致的笔记本递给塔金,他取出铅笔,潇洒自如地写上了几句鼓励的话语,并签上了他的名字。女孩看过塔金的签名后,眉头皱了起来,她仔细看了看塔金,问道:"你不是罗伯特·查波斯啊?"

"不是,"塔金非常自负地告诉她,"我是布恩·塔金,《爱丽丝·亚当斯》的作者,两次普利策奖获得者。"

小女孩将头转向另外一个女孩,耸耸肩说道:"玛丽,把你的橡皮借我用用。"然后擦掉了他的签名。

布恩·塔金最后说:"那一刻,我所有的自负和骄傲瞬间化为泡影。从那以后,我时时刻刻告诫自己:无论多么出色,都别太把自己当回事儿。"

蒲松龄的《聊斋志异·夜叉国》中曾描写过趾高气扬的朝廷大员们。"出则舆马,入则高堂,上一呼而下百诺,见者侧目视、侧足立——此名为官"。只寥寥数笔,就将古代官员们以自己为重的表现描写得淋漓尽致。其实,生活里我们也常常遇见这样的人,他们总喜欢将众人的目光聚集在自己身上,让自己有一种不可或缺的感觉。

别把自己看得太重,若真正想要达到不可或缺的地位,就一定要努力做事情,当我们做出别人做不到的事情时,那么无论于工作还是生活,我们都会变得极为重要。即使这个时候,也不要太过得意。

5. 保持向别人学习的心态

季羡林虽被称作"国学大师"，可他自己却并不认为自己是大师，那么在他心里，究竟谁是大师呢？季羡林曾说过："我一生最佩服四个人，其中有一个是共产党员。这四个人是：陈寅恪、梁漱溟、马寅初和彭德怀。"

陈寅恪是民国最伟大的学者之一，当时被称为"教授中的教授"。季羡林曾评价道："在学者中我最佩服的是陈寅恪先生，他提出的'独立之精神，自由之思想'，在那个时代可以说无人能做到，但陈寅恪做到了。"

季羡林说："陈寅恪先生绝不是为了考证而考证，他在考证中发掘了极深刻的思想外延。读了他的著作，绝不是仅仅是得到一点精确的历史知识，而是会得到深刻的思想启迪，让人豁然开朗。"

陈寅恪身上有一股知识分子的"硬骨头"精神，这深深地影响着季羡林。20世纪50年代，在一次批判冯定"为了生活而实干"的个人主义哲学的会上，主持人最后点名要季羡林表态，季羡林站起来不卑不亢地说："我同意冯定同志的观点，所以我没有什么话说。"

季羡林在陈寅恪身上学到了做学问要"大胆地假设，小心地求证"，更重要的是，他学到了"毕生奖掖后进"。提携后辈，褒扬他人都是季羡林在陈寅恪的为人处世上学习到的。晚年的季羡林曾在陈寅恪的墓前，默立良久，饱含深思。

子曰："三人行必有我师焉。"这句话并不是表示三个人里面就一定有可以学习的地方，而是要我们有一个随时向别人学习的心态。那么，这种心态如何而来呢？答案便是谦虚低调，知道自己的不足。如果一个人自以为"天下第一"、"才高八斗，学富五车"，哪里还会向别人求教学习，甚至还可能会批评指点别人几句呢！

一次，孔子去鲁国国君的祖庙参加祭祖典礼，他不时地向身边的人询问，差不多每件事情都问了个遍。有人在背后嘲笑他，说他不懂礼仪，什么都要问。孔子听到这些议论后说："对于不懂的事，问个明白，这正是我知礼的表现啊。"还有一次，孔子听说郯子学识渊博，便立即前往求教，史籍记载曰："见于郯子而学之。"

孔子真正践行了保持学习的心态，从不认为自己学问有多高，只知道自己有哪些还不懂。俗话说"活到老学到老"，无论是学术还是做人上的学问，都是永无止境的，没有哪个人可以做到"学贯中西，才华满溢"。如果真的这样想了，那么也就没有了进步。

"学如逆水行舟，不进则退。"向别人学习的人便永远都在进步，因为这样的人能时刻觉得自己有不足，会主动寻找学习的机会，主动寻找可学习的人。谦逊自知，"择其善者而从之"是重要的表现。

唐代大诗人白居易，才华横溢，诗作影响力极高，但他为人却十分谦虚。每当他写完诗以后，总要虚心地请朋友们提批评意见，甚至还要念给老太婆听。如果老太婆听得懂，他就抄在稿本上；如果听不懂，他就马上进行修改或者重写。

有一次，长安一座佛寺的和尚来到当朝宰相裴度府中，请求裴度找一位学问渊博、诗文出众的人，为佛寺写篇碑文。裴度想了想，觉得白居易最为合适，就当即写了一封邀请信，准备派人火速送去。哪知信还未送出，门客皇甫湜便不满起来，他说："唉，我在你身边，你不请我写文章，却偏偏舍近求远，请那个姓白的来，他难道比我的才华高吗？"

裴度还未发话，皇甫湜又对白居易的诗文品头论足一番，数列了一大堆毛病。裴度有些不高兴，辩驳道："上自王公贵族，下至平民百姓，哪个不称赞白居易的才华啊！"

一听这话，皇甫湜极为恼火，居然要收拾行李离开裴府，裴度见状赶紧道歉，并当场决定请他为佛寺撰写碑文，才平息了这场风波。

这件事情传出去后，有很多亲朋好友找到白居易，说："皇甫湜太狂妄了，你应该写首诗让他羞愧。"白居易微微一笑，满不在乎地说："皇甫湜是有些高傲，但他对我提的意见，并不是一点道理都没有。他的文章，也有很多地方值得我学习啊！"

接着，他又找出皇甫湜的几篇文章，把其中的可取之处指了出来。几年之后，皇甫湜病故。白居易听了这个消息后，甚至专门写了一首悼念他的诗。

若想"求知"，就一定要把自己的姿态放的很低，这样才能汇集百家学问——就像大海一样，海底越深就越有河流奔赴而来，而它也不会像一口浅浅的井一样，很快就被填满了。所以，放低姿态，保持一颗向别人学习的谦虚之心，自然能够看到自己的不足与别人的优点。不足处予以改正，别人的优点认真学习，这样，自己才会有进步。

第六课

真——抒真情,讲真话

1. 真诚待人,不弄虚作假

《荀子·修身》中写道:"君子养心莫善于诚。"季羡林一生待人真诚,行事正直,脚踏实地。温家宝曾对他评价说:"真理和科学要求真实。您一生坎坷,敢说真话,直抒己见,这是值得人们学习的。"

《清华园日记》记录了20世纪30年代初期,季羡林在清华园的学习生活,同时也记录了他成长过程中最初的生命痕迹,他称这些日记是:"心中毫无顾忌,真正是畅所欲言。"

在他的日记中,记录了当时一位学生的不光彩之事,而这个学生,后来成了大名鼎鼎的文化名人。出于为尊者讳的考虑,当这本日记要出版时,有关方面建议季羡林删除对这位名人有微词的地方,但季羡林没答应,坚持要保留,他说要保持日记的真实性。

此外，季美林还在日记中毫不掩饰地记录了自己在战争到来时贪生怕死的心理，甚至还有性幻想的心理。有关方面也同样建议他做些改动，但他坚决不同意，表示"一个字也不改"。他说他出版这本日记的目的，就是"为了向读者献上一份真诚"。而且，为了证明自己的日记没做任何改动，他还同时出版了日记的影印本。

《清华园日记》出版后，因其珍贵的史料价值而受到广大读者的欢迎，读者无不感叹于季美林的真诚，很多读者都表示自己做不到这样将日记公开。

俗话说："将心比心。"我们与人交往自然不喜欢对方弄虚作假，反复揣摩对方说的话是否真诚。那么"将心比心"首先要做到的就是自己要真诚，有一说一，绝不弄虚作假，这样自然能够换来对方的真诚相待。但以真诚待人，并不一定就是为了让别人以真诚回报。如果是为了以自己的真诚换回别人的真诚，这本身已不够成真诚。真诚应该是晶莹透明的，不应该含有任何杂质。

有一句话叫做："人不诚无以立身，人无信何以处世。"真诚与诚信已经成了做人至关重要的两项原则。司马迁的《史记·商君列传》中记载了这样一个故事。

战国时期，秦孝公欲用商鞅变法之术强国富民。在新法尚未颁布实施之时，商鞅担心百姓对新法不相信，就叫人在国都的南门外树立了一根三丈长的木杆，布告老百姓说："有人把这根木杆搬到城北门去，就给他十两黄金。"老百姓感到布告奇怪，都不敢搬。商鞅又说："有谁能搬，给他50两黄金。"这时，有一个人出来把木杆搬到了城北门，商鞅马上给这个人50两黄金，以表示不欺骗老百姓。

商鞅因此取得了老百姓的信任，其新法很快得以颁布实施，并且取得了显著的成效,为秦横扫六国奠定了基础。

东汉时期,同在京城洛阳读书的张劭和范式两人志同道合,相见恨晚,结成一对至交好友。张劭家在汝南郡,范式则住在山阳郡,两地相距1000多里。学业结束,他们在路口分别的时候,张劭抬头望着长空中的大雁说:"今日一别,不知何年才能见面!"说着便流下眼泪。范式劝解道:"兄弟不要悲伤。两年后的秋天,我一定去你家拜望老人,同你聚会。"

落叶纷纷,一转眼就到了两年后的秋天,张劭突然听见天空传来一声大雁的鸣叫,想起了与范式的两年之约。他赶紧回到屋里对母亲说:"母亲,刚才我听到雁叫,范式就快来了,我们准备准备吧。"母亲不相信,摇头说:"山阳郡离这里有1000多里,范式怎么会来呢!"张劭说:"范式为人正直,极守信用,不会不来的。"母亲只好敷衍道:"好好,我去准备一些酒菜。"其实老人心里并不相信。

过了几天,范式果然风尘仆仆的赶来了。旧友重逢,两人激动不已。连张劭的母亲也感动得落泪,她叹道:"天下还真有这么真诚的朋友。"

明代陈沂的《畜德录》中有这样一段记载:

章公懋是京城南部(南京)的国子监祭酒(官职,隶属太学)。一天,他的一个监生找了个借口请假,说凭借他自己一个人的能力得不到薪水,要去请人帮忙。章公懋听了很惊讶,说:"薪水的确不能有闪失啊。这可怎么办啊?"随后,脸上也不禁显露为学生担忧之色。于是,章公懋让学生快去,并且希望他解决了后能告诉自己。这位监生很后悔自己欺骗了章公懋,心想:先生用诚心待我,怎么能骗他呢?第二天,监生找章公懋言明了事情的真相,并请求章公懋原谅。

《庄子·渔父》写道："真者，精诚之至也，不精不诚，不能动人。"真诚是做人的前提，对人不弄虚作假，对自己说出的话负责，并且坚持做到自己所说的每一句话都真实没有水分，这就是待人真诚。一个人在社会上想被人尊重，就必须要先付出自己的真诚，只有付出真诚才能赢得别人的信赖，只有得到别人的信赖，自己才能被人尊重。

2. 做真实的自己

有人曾问季羡林："您的文章里有一些前后矛盾的地方，为什么不加以整理，给读者一个清晰的脉络呢？"季羡林回答说："在我的散文和杂文中，我的思想感情前后矛盾的现象，是颇能找出一些来的。比如对中国社会某一个阶段的歌颂，对某一个人的崇拜与歌颂，在写作的当时是真诚的；后来感到一点失望，我也是真诚的。这些文章，我都不加删改，统统保留下来。不管现在看起来是多么幼稚，甚至多么荒谬，我都不加掩饰，目的是存真。"

季羡林曾在一篇文章中这样写道："我们舞笔弄墨的所谓'文人'，到了老年，如果想出文集的话，怎样来处理这样一些思想感情前后有矛盾，甚至天翻地覆的矛盾的文章呢？这里就有两种办法。在过去，有一些文人，悔其少作，竭力掩盖自己幼年挂屁股帘的形象，尽量删减年轻时的文章，使自己成为一个一生一贯正确、思想感情总是前后一致的人。"

季羡林接着说："我个人不赞成这种做法，认为这有点作伪的嫌疑。我主张，一个人一生是什么样子，年轻时怎样，中年时怎样，老年时又怎样，都应该如实地表达出来。在某一阶段上，自己的思想感情有了偏颇，甚至错误，决不应加以掩饰，而应该堂堂正正地承认。这样的文章决不应任意删削或者干脆抽掉，而应该完整地加以保留，以存真相。"

与人交往，最重要的是要让别人觉得我们可信赖。如果想要达到这一点，就需要我们用"真"来实现，如一块透明的玉，要让人一眼就能看到其内在如何，即使上面有颇多瑕疵也毫不掩盖。

做最真实的自己，还在于不做作。有些人的行为举止总给人一种蒙上面纱的感觉，让人猜不透，也看不明白。这样的人自然会让人"敬而远之"。凡事都能自然不虚伪，该是什么样子就什么样子，这样才能活得自在。有人说，这是一个大家都戴着面具生活的社会，每个人每天都要换不同的面具，结果就造成了心灵的不堪重负，弄得自己苦不堪言。确实如此，带着重重面具做人能不累吗！

天圣六年十二月，范仲淹丁母忧期满，召为秘阁校理，开始他的立朝生涯。此时的宋仁宗生性柔弱，皇太后刘氏垂帘听政。仁宗非刘氏所出，然对太后敬畏有加。

天圣七年冬至，皇上欲率百官，在会庆殿朝拜太后，为太后上寿。皇帝屈尊，对太后行臣子礼，有违礼制，遭到非议，但满朝文武百官，没有人敢站出来说话。

这时的范仲淹，刚入朝不久，像初生之犊似的，毫无顾忌，上书皇上和太后，力言不能开此先例，以免有亏为君之道和有损国威，防止母后干政的事情发生。范仲淹此举，干涉皇帝家事，不给皇太后面子，在朝廷引起震动。但范仲淹问心无愧，完全是出以公心，没有一点私利可言。接着，又上书朝廷，请太后还政于仁宗皇帝。

皇帝已经20岁，可以独立处理朝政了，太后垂帘已满七年，应该还后宫颐养天年了。范仲淹一再触犯太后，终于被贬到河中府(山西永济西)

当一名通判了。

第二年，改为陈州通判。两年后，太后去世，仁宗亲政，范仲淹被召回京城，任谏官。太后一死，朝臣多人上书，揭太后的老底，这时的范仲淹却为太后说好话，他劝告皇上，说太后奉先帝遗命，保护皇上十多年，皇上应该忘其小过，而念其大德。仁宗终于领悟范仲淹昔年犯颜直谏是出于公心直道。

在君子看来，人们用来求取升官发财的方法，能够不使君子引以为耻的人，实在很少！

东晋诗人陶渊明在彭泽做县令时，上级督邮要来视察，并事先写信给他，暗示他要进奉些贿赂。谁知陶渊明清正傲骨，当场将信撕毁，高呼道："大丈夫，岂能为五斗米折腰。"随即脱下官帽，愤然离去。

离开官场的陶渊明隐居田园，做最真实的自我。过着"辰星理荒秽，带月荷锄归"的生活，享受着"采菊东篱下，悠然见南山"的悠闲自在。因此成就了他田园诗的辉煌。

陶渊明喜欢喝酒，没事的时候就去找朋友痛饮，常常连饮三日而不知归。他与朋友一起喝酒，醉了要睡觉时，就对朋友说："我醉欲眠，卿可去。"他去朋友的家里拜访，朋友看到他的鞋子破旧，就让人给他做一双新鞋。在人给他量脚的尺寸的时候，他很自然地把脚丫子伸给人家，没有丝毫的不好意思。

有一次，陶渊明与朋友聚会饮酒。朋友在煮酒的时候找不到过滤的纱布，看到他头上戴的头巾正合适，就拿下来当滤布。酒过滤完了，陶渊明毫不介意地再戴回头上。

陶渊明生活在普通百姓中间，因此对生活艰难的人家充满同情和恻隐。他看到邻居家的生活难以为继，就写信推荐邻居去自己儿子做官的地方谋一个小差事,他在给儿子的信中写道:"此亦人子也,可善遇之。"

陶渊明不做官,是为了逃避政治,而不是为了逃避生活。在自己的生活里怡然自得,就是他想要的,也是他想做的。

某电视台记者在采访诺贝尔物理学奖获得者丁肇中时问他,您从小就对科学感兴趣,大学又选对科目,是什么原因让您做出如此正确的选择。这个问题太常见,主要是为了让丁肇中"发挥发挥",然而丁肇中的回答却是"不知道"。后来,丁肇中对此事做了正面的回答,他说:"不知道的,你却说知道,这在我们那里是绝对不允许的。"

英国作家威廉·欧内斯特·亨里在他的诗《不可征服》中写道:"我,是我命运的主宰,我,是我灵魂的统帅!"既然要做灵魂的统帅,那就要学会把最真实的自己展现出来,如此才能"以真换真",少些尔虞我诈、钩心斗角。

3. 真性情者皆心存仁爱

在人们的印象中,国学大师应该风度翩翩、儒雅文明,但是季羡林年轻的时候并不如此。

那时候的季羡林盼望着自己的稿件能见报,便天天到阅报室去看自己的文章登出来没有。在多次无功而返后,他着急地在日记里写道:"我冒雨到图书馆去看报,我的稿子还没登出,妈的。"

季羡林的《清华园日记》出版后引起了购买热潮,大家惊讶地发现,原来一代国学大师也有这样本真的一面，且看日记内容："十三日……没做什么有意义的事——妈的，这些混蛋教授，不但不知道自己泄气，还整天考，不是你考，就是我考，考他娘的什么东西？"

读者纷纷赞扬季羡林的真性情，说如今这样的人太少见了。

这些日记在出版时，编辑曾提出"做适当删减"，季羡林的意见则是"一字不改"。他解释说："我考虑了一下，决定不删，一仍其旧，一句话也没有删。我70年前不是圣人，今天不是圣人，将来也不会成为圣人。我不想到孔庙里去陪着吃冷猪肉。我把自己活脱脱地暴露于光天化日之下。"

季羡林的这一句"我70年前不是圣人，今天不是圣人，将来也不会成为圣人"，将他的真性情、真洒脱体现得淋漓尽致。他不介意自己过去说过的话是否可能给自己带来负面影响，他只想让大家看到最真实的自己。

孟子提出"性善论"，他说："每个人最初都是善良的，毫无掩饰的，只是渐渐地在生活里或迷失了方向，或故意掩饰起来，或为了利益改变自己。"也就是说，一个人要想回归最本质的善良与仁爱，就需要发掘出曾经存在于每个人的心中的那种真性情，包括喜怒哀乐等。该如何便如何，也就达到"至善"了。

"仁"是孔子思想的核心。"仁"字是由一个人字旁和一个二字组成，意思是说，两个人相处之道即为"仁"。"仁"就是人们相处、相知、相爱之道。而所谓的真性情，就是最直观、毫不掩饰的第一感官，比如恻隐之心。看到有人受伤便会出现，这就是一种真性情，随之而来的，是想要去帮助别人的想法，这就是孔子所提倡的"仁"与"爱"的最基本的表现方式。

不掩饰自己的真性情，想笑就笑，想哭就哭，想爱便爱，把自己最真实的情绪、思想、感受表现出来，就是践行仁爱。

当代著名学者、作家周国平曾说过："我的人生观若要用一句话概括，就是真性情。我从来不把成功看作人生的主要目标,觉得只有活出真性情才算得上是没有虚度了人生。"

周国平还进一步解释道:"一个人活在世上,必须有自己真正爱好的事情,才会活得有意思。这爱好完全是出于自己的真性情,而不是为了某种外在的利益,如金钱、名声。一个人若喜欢做这件事情,只是因为他觉得事情本身非常美好,他是被事情的美好所吸引的。"

《水浒传》里的鲁智深是一个着墨颇多的人物。鲁智深有一种最基本的行侠仗义的思想,他见郑屠欺侮金翠莲父女,便三拳将其打死在镇关西,待放走了金氏父女后,他并不走,而是等着金氏妇女走远了才离开。

鲁智深大闹野猪林,救林冲于危难之中。救下林冲后他仍不急于离开,而是千里迢迢地把林冲送到安全的地方后才回去。为救刘太公父女,鲁智深大闹桃花村,打败了二首领周通后也没有马上离开,而是等到大首领李忠赶来,彻底地解决了问题后才走。

生铁佛崔道成、飞天夜叉丘小乙霸占寺庙,欺压乡民,鲁智深也要管上一管,虽因饿着肚子不敌二人,但他并没有逃跑,而是和史进联手抗敌,最终为民除害。

鲁智深最让人佩服的地方还在于他该喝酒时就喝酒,该撒泼时就撒泼,在江湖上潇潇洒洒地走,率性而行,随心所欲。鲁智深的师父给他留了一道偈语:"听潮而圆,见信而寂。"鲁智深便问,什么叫做圆寂,当知道圆寂就是死后,他不但不伤心,反而大笑说:"既然圆寂就是死,洒家今已必当圆寂。烦与俺烧桶汤来,洒家沐浴。"随后坐化而死。

金圣叹这样评价道:"鲁达自然是上上人物。"而明代大哲学家李贽,也将鲁智深赞为仁人、圣人、勇人、神人、罗汉、菩萨、佛。

做人当有真性情,率性而为,而不是图利而为。这样我们才能够活得更加自在,更加轻松。真实地做人,释放出自己的真性情,自然能够获得别人的认可,能够更好地把握自己的生活。

4. 对待老朋友"较真"

季羡林的较真是出了名的，但他的较真并不是在别人做错了事情后斤斤计较,相反,那时的他非常的宽容。他的较真主要体现在老朋友身上,在原则性的问题上,季羡林总是锱铢必较,也正因为这一点,他赢得了老朋友的一致尊重。

季羡林与著名诗人臧克家同为山东老乡,加上二人志同道合,在20世纪40年代,几番接触下来,两人便成了知己。臧克家有个女儿叫苏伊,先前在一家工厂上班,因不能忍受工厂的恶劣环境,便想让父亲出面,托季羡林帮她换个工作。

当时的季羡林是北大副校长,听了臧克家的请求后,他当即答应老友的嘱托,说:"你就叫苏伊来考试吧！"季羡林想在学校安插个人,岂不是小菜一碟。

很快,臧克家的夫人便带着女儿苏伊来了。苏伊原以为这次考试不过是走走形式,所以根本没有做充分的准备。季羡林与二人见面后,告诉她们,今天要考的是《大唐西域记》。

季羡林的严肃和较真令两人大为咋舌。这样一部艰涩的古文经典,即使是许多大学毕业生都应付不了,何况苏伊只不过是高中毕业。苏伊自然是支支吾吾答不上来,只好知难而退。

季羡林的较真让苏伊和母亲有些不满,然而当臧克家得知事情原委后,不仅没有因此心生芥蒂,反而对季羡林的做法大为赞赏,他感慨道:"他的较真,正是正直、善良的体现。"

此后,臧克家对季羡林更为钦佩,一如既往地与季羡林交往。几十年的时光里,两人交情莫逆,非比寻常。

做人要较真,面对老朋友就更不能睁一只眼闭一只眼,觉得这是多年的老友,就由他去了。乔叟曾经说过:"真诚才是人生最高的美德。"我们把自己的真诚表现出来,让朋友知道哪些事做得不对,哪些事不应该去做,朋友自然会理解,而且还会像臧克家更加尊敬季羡林一样,会由衷地感受到我们的真诚和真实。

很多人习惯"托关系、走后门",久而久之,就养成了这么一种不良的社会风气。这种风气的形成最主要的原因就是"朋友"。面对朋友的请求,我们总是碍于情面,于是就于给予对方方便了,殊不知,正是这种方便破坏了我们以真为本的做人原则。因为,若要求自己凡事为真,却帮助朋友弄虚作假,岂不是缘木求鱼,让人笑话吗?

清代著名清官施世纶,早任江都任县令时,不管是什么亲戚朋友来找他托路子、走后门,他都一概严词拒绝。当时江都流传一句话:"关节不到,有阎罗施老。"施世纶在民间素有"施青天"的美誉,更被康熙皇帝称为"江南第一清官"。民间有一部流传很广的侠义公案小说《施公案》,说的就是关于他的种种故事。

对朋友、亲戚较真,尤其是在原则性问题上较真是必要的。因为一旦我们身居高位后,"朋友"便会多起来,这个朋友托我们办事,那个朋友给我们送礼,若是不能自我约束及时制止,就会陷入人际关系庸俗化的泥潭,其危害是显而易见的。

宋代仁宗时期的一次殿试，按照惯例，每年榜首要选三人，为皇帝钦点状元，大臣把前三名试卷呈给宋仁宗。宋仁宗打开第一卷，阅罢，龙颜大悦，说："此卷做得极好，只可惜，中间有一个错字。"

阅卷官大恐，伏问皇上所错何字。宋仁宗说："是一个'唯'字，这个字本应从'口'旁的，怎么从了'厶'旁？"阅卷官听罢，禀奏道："两偏旁形似，可以通用。"宋仁宗没有理睬阅卷官，接着问考生的情况。阅卷官说："此考生乃西川成都人，姓赵，名旭，字伯升。"

正在客店等候消息的赵旭，旋即被宣入朝，觐见皇上。赵旭俯伏在地，惶恐不安。宋仁宗说："卿所做试卷极好，只可惜，中间错了一个字。"赵旭伏问何字，宋仁宗说"唯"字。赵旭听后，小心解释说："这两个偏旁，是可以通用的。"

宋仁宗突然大怒，取了御案上文房四宝，愤然写下八个字，说："既然'口'与'厶'两个偏旁可以通用，那么你看看，这八个字能一样吗？"赵旭一看，宋仁宗写下的八个字是：私和、去吉、矣吴、台吕。

赵旭看了半晌，终无言以对。宋仁宗说："你还是回去读书吧。"就这样，因为一个错字，赵旭名落孙山。

当然，我们也不能跟朋友事事较真，比如朋友与我们有不同的兴趣爱好，若为了这种事情去较真就没有必要了。这里所说的较真，是一种原则上的较真，比如朋友想走后门，想偷工减料，想做一些不好的事情时，我们应该较真。这样即是对朋友好，也是对我们自己好。

管宁割席断义，就是一种对待朋友较真。并不是每一次"碍于情面"的帮忙都能有利于朋友，相反，可能还会害了对方，因此，若要较真就要较真到底，对待老朋友也要"毫不留情"。你要相信，若朋友也是真性情之人，必然会更加信赖于我们。

5. 对国家不满也是爱国

季羡林一向敢说真话,他说:"歌颂我们的国家是爱国,对我们国家不满也是爱国,这是我的看法。"季羡林爱国众人皆知,他曾说:"即便是烧成灰,我也是爱国的。"既然如此,他又为何要说"对国家不满也是爱国?"

1931年"九一八"事变后,日军悍然占领我东三省。当时的季羡林是清华大学的一名大二学生。学生们对蒋介石奉行的"攘外必先安内"的政策极为不满,纷纷来到政府门前请愿。刚满20岁的季羡林更是满腔热情,救国如救火,为了让蒋介石出兵抗日,他和众多学生一起,奔赴南京请愿,甚至卧轨绝食。

季羡林的助手蔡德贵回忆说:"他们是从前门火车站坐车走的,刚到前门火车站的时候,站长不让上车,不让上车他们就不能去南京了,于是这些学生就卧轨绝食。结果呢,因为学生卧轨,站长不得不让这些学生上车了。"

季羡林的成长轨迹伴随着中国百年的变迁,从清末的软弱挨打,到抗日战争的混乱局面,到新中国成立,再到"文化大革命",最后到改革开放以及新世纪。可以说,季羡林一直亲眼见证着新中国的成长。他也有诸多不满要表达,他也曾为这个国家痛心疾首,但是这些恰恰都是他热爱国家的表现。

2009年,季羡林接受凤凰卫视《我的中国心》节目主持人的采访。采访结束后,摄制组请求季羡林为该节目题几个字,季羡林虽然视力不太好,但他还是欣然应允。在一片模糊当中，他挥毫写下了"我的中国心"这样几个字。

季羡林的话说得很对。对于一个国家来说，不仅仅要听到歌颂赞扬的声音，还要听到不满与反对的声音，而这发声的源头就是我们普通人。在如今这个社会里，我们可以自由地表达自己的想法，也可以表达出对国家某些方面的不满。

五四运动便源于这种对国家的不满。1919年，巴黎和会上，日本要求清政府将德国在中国的山东的权益交给日本，消息传到中国后，引发了中国民众的极大不满，群情激奋，一场著名的学生运动就此爆发了。

有不满才会有改良，有改良才会有进步。不满的声音可以说是对国家的一种鞭策，但这种鞭策要充满理性，充满希望。五四运动时期的中国外忧内患，西方列强不断入侵，国内政治一片黑暗。但是这群心有不满的青年学生却口号响亮，积极向上，在极大不满中流露出对中国未来的强烈希望。

对国家，我们可以有不满，但是要"理性不满"，通过正当的途径把不满的情绪表达出来，而不是整日埋怨这个，埋怨那个，却不去寻找解决不满的办法。不能合理地对待不满，日子久了，我们的爱国热情便会被消磨掉，最终使得我们怀疑甚至厌恶这个国家，那是万万不可取的。

屈原一生中写过许多著名的爱国诗篇。由于楚王不接受他的爱国主张，致使楚国沦丧，最后，屈原满怀忧愤之情，跳江自尽。

当时的楚国早已陷入重重危机，而楚国君臣对此却视而不见，依旧沉醉于丝竹管弦，声色犬马之中。

屈原在诗中描写了当时楚国的黑暗局面，"世溷浊而不分"，"世幽昧以眩曜"，"变白以为黑兮，倒上以为下"。由此可见，屈原当时可谓是不满重重,他的政治理想虽得不到实现,但他依旧不忍看着楚国贵族们鱼肉百姓,不忍看着楚国走向覆亡。于是,屈原积极上谏,结果遭到重臣的诋毁与排挤,但是屈原仍不放弃,"虽九死其犹未悔"。

最终,屈原遭到驱逐。他明知忠贞耿直会招致祸患,却始终"忍而不能舍也";他明知自己面临着许许多多的危险,仍要上谏,仍要赋之以歌。

楚襄王即位后,屈原继续上谏,继续受到迫害,并被放逐到江南。公元前278年,秦国大将白起带兵南下,攻破楚国国都,屈原的政治理想就此破灭。屈原对自己的前途深感绝望,空有一颗报国心,却无力回天,最后只得以死明志。同年五月,屈原怀着满腔遗恨投入汨罗江自杀,留下千古名句:"沧浪之水清兮,可以濯吾缨;沧浪之水浊兮,可以濯吾足。"

面对社会上的一些不公正的问题,有些人会以一种极端的心理状态去看待,他们把责任都推给国家,从不去考虑自身或是其他方面是否存在问题,最后除了抱怨就是愤愤不平。久而久之这种消极的负面情绪就会影响自己对事物的认知和判别,甚至使自己误入歧途。爱国是每一个人都应该具备的品质,并且无论何时何地,无论国家发生了什么事情,出现了什么样的情况,我们都应该继续保持对她的不离不弃和热爱,这才是真正的爱国。

第七课

定——沉淀浮躁，潜心修炼

1. 不急功近利，脚踏实地才有成效

曾经有一位记者去看望季羡林，他们在谈到研究古代东方语言对现在有什么用时，季羡林说："学问不能拿有用无用来衡量。当年牛顿研究万有引力有什么用？学问不问用不用，只说知不知。"的确，做事只讲用途是十分功利的。只有脚踏实地，才能更长久。

公元1409年6月，明成祖朱棣命丘福为征虏大将军，率精骑十万，讨伐谋叛的鞑靼主本雅失里。

大军出发前，朱棣考虑到丘福平素喜轻敌，特意告诫说："出兵要谨慎，到达鞑靼地区后，虽然有时看不到敌人，也应该做好时时临敌的准备。"他还特意强调："不要丧失战机，不要轻举妄动，不要被敌人的假象所欺骗。"甚至等到丘福率军北进后,朱棣又连下诏令,告诉丘福要谨慎出战。

八月,丘福的大军到达胪朐地区。他自己亲率1000多骑兵先行,在胪朐河一带与鞑靼军的散兵相遇,散兵四散而逃,丘福乘胜渡河,俘虏了一名鞑靼小官。丘福向他询问鞑靼主本雅失里的去向。这个小官说:"本雅失里闻大军南来,便惶恐北逃,离这里不过30里地。"

丘福听了便信以为真,决定率先头部队去攻杀。各位将领都不同意丘福的这一决定,建议等大部队到齐,把敌情侦察清楚再出兵。但是丘福坚持出兵,对任何意见都拒不采纳。

丘福率部直袭敌营,连战两日,鞑靼军均假装败走。丘福一心想要生擒本雅失里,于是孤军猛追。当丘福深陷敌后的时候,鞑靼大军突然杀过来,将他所率领的先头部队重重包围。丘福等军士拼命抵抗,无济于事,最后全部在突围时战死。

俞敏洪在一次演讲中讲了这样一个故事。

"我有一个同学,专门研究蒋介石的一生。这本来不算什么,但由于他研究的时间很长,而且研究得很深很透,结果,他被美国一所大学的教授看中了,这位教授邀请他过去读博士。他在美国读了四年博士,写了两本研究中国现代史的专著,最后留在了那所大学当教授。"

所谓欲速则不达,急功近利往往不能成功。做人就要有一种不急功近利的心态,做任何事不重利,就必然不会因为利而做事匆忙,就会沉下心来把事情做好,做到极致。

梁实秋1930年开始着手翻译莎士比亚的戏剧,直至1967年才最终完成《莎士比亚全集》的翻译并出版,共历时37年,他只日译两三千字,并且没人给他一分钱的报酬。三十余年慢慢地翻译,最终成功。

《论语·为政》中,子曰:"君子不器。"意思是说,作为君子,不能囿于一技之长，不能只求学到一两门或多门手艺，不能只求职业发财致富，而当"志于道"。孔子的话很明了，就是告诉我们做任何事情都不能抱着功利心，要去追求心中的"道"。

爱因斯坦说过："耐心和恒心总会得到报酬的。"脚踏实地对于做任何事情都有着非同寻常的意义。如同盖摩天大楼一样，若是急功近利，一天一层地盖楼，恐怕楼盖好后也会倒塌，只有一点点地将每一块砖都放得恰当，每一个细节都把握好，才能让摩天大楼屹立多年。

齐白石是中国近代画坛的一代宗师，不仅擅长书画，对篆刻也有极高的造诣。但齐白石并非天才，他也是经过了非常刻苦地磨炼和不懈地努力，才把篆刻艺术练到如此出神入化的境界。

年轻时候的齐白石就特别喜爱篆刻，但他总是对自己的篆刻技术不满意。于是，他向一位老篆刻家虚心求教，老篆刻家对他说："你去挑一担础石回家，要刻了磨，磨了刻，等到这一担石头都变成了泥浆，你的印就刻好了。"

齐白石听从老篆刻师的意见，挑来一担础石，一边刻，一边磨，一边拿古代篆刻艺术品来对照琢磨。就这样刻了磨平，磨平了再刻，手上不知起了多少个血疱。日复一日，年复一年，础石越来越少，而地上淤积的泥浆却越来越厚。最后，一担础石终于统统都被齐白石"化石为泥"了。

不急功近利体现在有良好的心态。做学问，贵在有恒，很多人都是通过长时间的努力，才最后取得成功的。任何一位奋斗者，无不希望自己能成功，但事实上，很多时候的结果未必能如人所愿。当我们努力了却没有取得成功时，我们不能急躁，要分析原因，制定解决方案，继续以一颗平常心，不懈地向前行，直到赢得成功。

当今世界的人，往往以实用作为权衡价值的标准。有直接而实际效用的事物，就认为它有价值；没有直接而实际效用的事物，就认为它没有价值。殊不知，许多东西的用处间接而不显著，然而其重要性却远超过了那些有直接效用之物。

2. 甘心坐"冷板凳"

季羡林曾说："如果我有优点的话，我只讲勤奋。一个人干什么事都要有一点坚忍不拔，锲而不舍，没有这个劲，我看是一事无成。范老有一句话，叫'板凳甘坐十年冷，文章不说一句空'。今天我跟年轻人讲，我说今天这样子，下海出国我不反对，每个人有每个人的想法，可问题是，我们的世界文化、中国文化若想传下去，还是得靠几个人甘心坐'冷板凳'的，赶热潮的人多得很，坐'冷板凳'的人就少得很。"

晚年的季羡林黎明即起，万籁寂静中，在灯下写作迎接早晨。他如饥似渴地整理旧文章，找出新思路。而每天晚上，他必要写2000字以上的学术日记，才能躺下。

当季羡林还在朗润园的家中时，有时一天会不断地来人，这样持续着，到了晚上他就会生闷气，一句话都不说，因为他没有了坐"冷板凳"的时间。季羡林喜欢一个人静静地思考，一个人写作，不喜欢被打扰。他的学术研究其实偏向"冷门"，有很长一段时间不受到人们的重视，但他毫不在乎，只是默默地研究着。

女作家张曼菱有感于季羡林的"冷板凳"功底，她说："季老最多的文章，最重要的著作都是在70岁后写成的，就这样干活，直到88岁'米寿'之期，他完成了27卷的《季羡林全集》。"季羡林每一次跟张曼菱见面，都告诉她要"坐下来"，坐稳"冷板凳"，必有大成就。

懂得坐"冷板凳"的人，通常都是知道时间宝贵的人。他们从不肯浪费一分一秒的时间，正如季羡林一样，被人打扰了就很不高兴。现在的社会娱乐项目太多，诱惑人的东西也太多，倘若不停地做一点这个，再做一点那个，一整天的时间很快就过去了，又哪里有时间做学问呢？

韩愈有云："业精于勤，荒于嬉。"只有甘坐"冷板凳"才能拒绝外界的诱惑，才能静下心来，一步一个脚印，踏踏实实地做学问。任外面灯红酒绿，我自怡然自得。正是这种精神，才能够让一个人的能力飞速提升。古语中所说的"十年寒窗苦读"，也就是坐十年"冷板凳"，专心做学问。

坐"冷板凳"还有一个意义，就是甘于平凡，甘于不被赏识，也就是不抱怨怀才不遇。现在有很多年轻人，总是抱怨自这个世界缺少伯乐，认为自己空有一身才华，却没有施展的空间，空坐"冷板凳"而无人赏识。然而他们却从来都没有考虑过自己为什么遇不上伯乐，为什么没有人愿意赏识自己、重用自己。

人有急功近利的心态其实无可厚非，谁都想自己能早一点实现自己的理想，大展宏图。但是我们必须要学会控制这种心态，毕竟成功不是着急就能达到的。每个人的才华与能力都需要长时间的积累，而积累的过程就是我们坐稳"冷板凳"的过程。让自己的人生经历和知识积累得更加丰富，未来自然会绽放出五彩的光芒。

王阳明，字伯安，名守仁，浙江余姚人。明朝伟大的哲学家、军事家、教育家、文学家，"心学"的创立者。王阳明少年时便胸怀大志，以"正心修身，平治天下"为己任，以"阳明"为号，立志做一位圣贤之士。

明武宗正德元年冬，宦官刘瑾擅政，并逮捕南京给事中御史戴铣等20余人。王阳明因上疏论救，触怒刘瑾，被杖责40，谪贬至贵州龙场（贵阳西北70里，修文县治）当龙场驿栈驿丞。

龙场的环境十分恶劣，王阳明初任驿丞时，甚至无处可居，三餐难以为继，但他却以一种坚定的求道精神，克服了种种困难，励志修身不已。终于，在一个夜晚，王阳明领会到了儒家失传已久的"格物致知"的要旨，洞悉了自己的本尊，彻悟了"知行合一"这种天地间的终极智慧，从而创立了影响至今的一门学说——"心学"。

正德十四年，宁王朱宸濠叛变。王阳明聚集各府县士兵，征调军粮，制造兵械船只。经过一番激战，最终平定叛乱。战乱结束后，王阳明甚至把平叛朱宸濠的功劳归于总督军门，这等气魄，实在让人敬佩。

最终，王阳明成了中国历史上唯一没有争议的"立德""立言""立功"的伟人。

李白诗云："古来圣贤皆寂寞。"对于想做大事的人，或者想把学问做透彻的人来说，"寂寞"是一件再好不过的事情。无论是怀才不遇，还是被人冷落，我们都不要着急，享受这无人打扰的时间，并多做学问，以最大的限度提升自己的能力。

正所谓"三年不鸣，一鸣惊人"，是金子总会有发光的那一天。只要我们耐心打磨自己，即便自己是一块铁，只要我们能够耐得住坐"冷板凳"的时光，就一定能够将自己打磨成价值连城的金子。

3. 人生要耐得住寂寞

　　德国留学的经历让季羡林收益甚大,他在回忆时,用了"坐拥书城"四个字来形容那段日子。"独在异乡为异客",这种孤独寂静的环境,正好给了他空前绝后的读书机会,十年如一日的勤学苦读,为他日后的功成名就奠定了基础。

　　然而季羡林享受寂寞不只如此。季羡林之子季承回忆说:"父亲通常整天在书房做研究,只有吃饭的时候出来,即使卧病在床仍坚持每天读书写作。"

　　南怀瑾说:"人到了晚年, 本来可以享清福了, 但多数人反而觉得痛苦。因为一旦无事可做,他就活不下去了。有许多老朋友到了享清福的时候,他硬是享死了,他害怕那个寂寞,什么事都没有了,怎么活啊!"

　　因此, 南怀瑾常常在讲学时对青年学生们说:"一个人若学会享受寂寞,那就差不多可以了解人生了,可以体会到人生更高远的一层境界。"

　　南怀瑾常常打坐,他会找一间空无一人的房间,然后静静地坐上很长一段时间。南怀瑾说,他非常享受这种时刻,他认为静坐对于人生非常重要。

　　南怀瑾在告诫那些立志一生求学、修持道德的年轻人时,说:"你必须先要准备寂寞一辈子才行。但光甘愿寂寞一辈子还不够,还要更进一步,懂得如何来享受寂寞。"

　　只有内心真正地把寂寞当成最高的享受,才可以算是真的无忧无虑,即所谓的"身心空灵"。所以,南怀瑾才会说:"人生最高的享受是寂寞,不懂得享受寂寞的人生是没有意义的。"

苏武牧羊长达19年之久，在茫茫的贝加尔湖上只有他和一群羊，这是多么惊人的忍耐力。也正是如此耐得住寂寞，才成就了苏武被后人传颂千年的民族气节。除此之外，歌德写《浮士德》用了60年；托尔斯泰写《战争与和平》用了37年；马克思在大英博物馆里一坐就是四十多年，地板都被鞋底磨出了两道坑，这才有了《资本论》的横空出世。

寂寞是人生的一种修炼，只有耐得住寂寞，受得了诱惑，坚持住心中的信念，才能成就自己的精彩。在生活中，无论我们做什么都要学会"耐得住寂寞"，很多事不是一朝一夕就能做完的。我们甚至可能要几年，几十年，甚至是一辈子的付出，才能够实现自己的理想。

王国维在《人间词话》中说过，古今中外，想要成大事业、大学问者，一定要经过三种境界。第一种境界就是"昨夜西风凋碧树，独上高楼，望尽天涯路"。这就是一种"寂寞"的境地，深夜里，只有自己一人望着远方，这不是寂寞是什么？然而，也正是在这寂寥无人的时刻，我们才能听见自己的心声，才能思考问题，才能有所感悟。

《礼记》中讲："人生而静，天之性也；感物而动，性之欲也。"可见，"感物而动"是人的天性。人寂寞久了，便容易"感物而动"。学会与寂寞相处，能让我们更加接近自己的内心，并在寂寞中找到自己前行的道路。这样做，无论对于未来的发展，还是人生的思考，都有很大好处。

俄罗斯数学家格里戈里·佩雷尔曼，在自己的破陋居室里证明了20世纪七大数学难题之一——"庞加莱猜想"，成了世界新闻媒体争相追捧的英雄。可英雄佩雷尔曼对出名却完全不感兴趣，他甚至拒绝接受被誉为数学界的诺贝尔的菲尔茨奖。

佩雷尔曼就是这样，"只按他喜欢的方式生活"，从不离开圣彼得堡，没有朋友，没有积蓄，宁愿承受失业的痛苦，却不愿去领取100万美元的奖金，处事低调，远离世俗，过着离群索居的生活，做隐居的修行者。

法国侦探小说作家乔治·西默农在写作时，同样把自己与外界完全隔绝开来，不接电话，不见来访的客人，不看报纸，不读来信。正如他说的，写作时他生活得"像一名苦行僧"。

英国生物学家达尔文研究进化论，花了22年时间，才写出《物种起源》一书。法国著名物理学家居里夫人，不怕挫折失败，历经12年的实验，终于从几十吨的矿物中提取出了几克关键性物质——放射性元素镭。李时珍花了31年的功夫，读了800多种书籍，写了上千万字笔记，游历了7个省，收集了成千上万个药方，尝试了不知多少种草药，最后写成了中国医药学的辉煌巨著《本草纲目》。

没有哪个人是不经历寂寞就能够功成名就的，甚至有些成功人士，在没有寂寞的情况下，还要自己创造寂寞，以免自己被外界所诱惑。电视剧《新三国》中司马懿说得好："我挥剑只有一次，而磨剑用了几十年。"

善忍寂寞，才能让自己变得更加锋利。人生寂寞又如何，那是上天在留时间让我们思考。

4. 不患无位，患所以立

季羡林得到了很多赞誉，然而他对自己的评价却一直很低。就学术而言，虽然他得到了众多的荣誉，但他一直都不认为自己的文章好，总是觉得别人写的文章都比自己的好,他甚至觉得能为他人写序是件很荣幸的事。季羡林常常扪心自问:当教授是不是有误人子弟的嫌隙。

1930年,季羡林同时收到了北大和清华两所高校的录取通知书。不爱读书的季羡林能有如此大的转变,与他的老师不无关系。

15岁那年,季羡林考入山东大学附属高中。在这所高中教学的老师们,古文水平都很高,而教国文的王老师对季羡林的影响最大。他曾布置过一篇作文,叫《读〈徐文长传〉书后》,季羡林当时写得非常用心,因此,他给季羡林的批语是"全校之冠"。于是,季羡林那所谓的"虚荣心"一下子被激发出来,再也不愿意接受自己有不好的成绩。从此,季羡林一改过去贪玩不用功的习性,努力读书。

季羡林生怕落在别人后面,因此,无论是在日本侵略、时局动荡不安的清华园,还是在被饥饿和战争阴云笼罩的德国小城哥廷根;无论是在幽静的朗润园,还是在破败的牛棚中,他都始终坚持学习、写作,几十年来笔耕不辍。正因为如此,季羡林才能够精通英文、德文、梵文、巴利文、吐火罗文等12国语言,博学多才,在东亚语系与印度佛教等领域取得了举世瞩目的成就。

《论语·里仁》记载,子曰:"不患无位,患所以立。不患莫己知,求为可知也。"一个人不怕自己没有地位,最怕自己没有什么东西站得起来。根本要建立,这个"立",是自己真实的本领,自己站得起来的"立"。

孔子说"三十而立",人到三十,就意味着正式进入了成熟期。因此不仅要立得住,还要立得稳,不能只立得浅浅的一层,风一吹便倒了。

人的一生中,无论追求什么,其实都是一个"立"的过程。这个"立"包括自立、独立、屹立,以及立志、立功、存立。这是一项循序渐进的过程,需要我们付出巨大的心血以及长久的坚持。当我们愿意付出,愿意先"立"

己时，也就无谓于地位或职位的暂时缺失。因为瓜熟会蒂落，水到则渠成，该你得到的你必将会得到。

一个人应该拥有一个与他职位相配的才学，若没有，便应该去学习与充实，就像一部手机，电量不足自然要去充电，否则肯定会"自动关机"。做人也应如此，在社会上立足，切忌浮夸急躁，哪方面知识学问不足就要在哪方面下苦功充电，只有动力足才有立足前行之力。

我们要做的就是不断充实自己、提高自己，让自己成为一个与自己所拥有的地位相匹配的人。所以，即便我们谋得了好的职位，也不要沾沾自喜，而应当审视自己，看自己能否胜任这个职位。如果得到了就心生浮躁，不去提高自己，那么我们往往会在需要显露自己真才实学的关键时刻，不知所措，最后被人笑话，以至于丢掉工作。

"不患无位，患所以立"，多思考自己有哪些东西还不曾掌握，有哪些技能还没有抽出时间学习。能经常这样要求自己的人，内心自然会多几分平和，少几分怨气，而自己的职业生涯也自然会平坦很多。

战国时期的著名纵横家苏秦，出身贫寒，他曾到齐国拜师求学，师从古代著名谋略家鬼谷子先生。可是出徒后，苏秦先后游说周显王、秦惠文王失败，他失望至极回到家中，但不仅没有受到暖言安慰与鼓励，反而"势利起十家庭"。母亲见其狼狈就辱骂不止，妻子端坐织布不肯下机相见。苏秦饿极了，向嫂嫂讨饭吃，嫂嫂竟托言没有柴火，不愿下厨煮饭。苏秦不禁落泪感叹道："一旦贫贱，妻不以我为夫，嫂不以我为叔，母不以我为子。"兄嫂、弟妹、妻妾都私下讥笑说："周国人的习俗是以治理产业，努力从事工商，追求那十分之二的赢利为事业。如今您丢掉本行而去干耍嘴皮子的事，穷困潦倒，不也应该嘛！"苏秦听了这些话，暗自惭愧、伤感，于是闭门不出，重新发愤学习。

苏秦"头悬梁，锥刺股"，把自己10箱子的藏书全部阅读了一遍，又找到周朝姜太公的《阴符》，伏案钻研。用了整整一年的功夫，终于掌握了真谛，找到与国君相合的门道。他激动地说："凭这些足可以游说当代的国君了。"苏秦认为，一个读书人既然已经从师受教，埋头读书，可又不能凭借它获得荣华富贵，即使读书再多，也没有用处。于是他决定再度出山，游说诸侯。

这一次，苏秦向燕文侯献上六国"合纵"抗秦之策，一说见效，立即被封为宰相。并且六国拜相，以一己之力促成山东六国合纵，使强秦15年未敢出函谷关。当苏秦身佩六国相印回到家乡时，妻嫂都出外远迎，并且匍匐在地，侧目而不敢仰视。

当今社会，最讲究的是实力，而拼实力也是一种最公平的竞争。也许我们起点没有别人高，也许我们在某些地方先天就不如别人，但是我们却可以通过读书、学习、实践来丰富自己，通过后天的努力来超越其他人。这种"实力为上"的竞争方式，虽然残酷，却很公平。因为只要我们努力了就能够得到回报，而不努力的人必然会遭到淘汰。

当我们落后于人的时候，不要着急，也不要气馁，只要默默地努力奋斗，自然能够更好地立足于社会，更好地展现自己。在此之前，我们要做的就是静下心来，提升自己。

5. 欲速则不达

季羡林可谓是不着急了一辈子，学问一点一点地做，生活也慢慢悠悠地过，他甚至连走路、骑自行车都不快。季羡林在文化大革命中翻译《罗摩衍那》时，每天就翻译那么一点点，一本书他翻译了十几年才完成。若是没有这不着急的心境，他恐怕早就把书扔到角落里去了。

春秋战国时期的齐景公，在位58年，是齐国历史上统治时间最长的国君之一。早期的齐景公，能够虚心纳谏，听取晏婴、弦张等人的建议，并放手贤臣治理国家，使齐国在短短的几年间由乱入治，变得异常富强。

后来的齐景公到东海游玩。当他正赏着美景时，一封加急的书信被从国都快马加鞭地送了过来，信中写道："晏婴病得很厉害，即将死去，恐怕您在他死前都赶不上见他一面。"

齐景公看完来信非常着急，晏婴可是他的得力干将，他一定要赶回去见晏婴一面。他立刻起身，然而还未等说话，又一个传递书信的人赶到了，晏婴病情又加重了。齐景公说："赶快把马车换上快马，再让马夫韩枢来驾车。"

马车一路绝尘狂奔着，可是没走多一会儿，齐景公觉得马夫赶得不快，便夺过缰绳自己驾车；大约驾车又走了几百步，齐景公又认为马跑得太慢了，干脆下车自己跑了起来。

齐景公赶路的心情可以理解，但他认为快马加上好车夫都没有自己徒步快，说明他实在太过心急了，以至于连常识都忘了。事实也证明，他根本没有马车跑得快。

宋代司马光说得好："夫欲速则不达，半岁之病岂一朝可愈。"意思很明显，过于性急，一心只要求速度，而忽视效果的人，根本就不可能达到自己的目标。就好像齐景公那样，如此奔跑，只会大大拖延自己见到晏婴的时间，岂不是本末倒置了。

子夏在莒父做地方首长时，向孔子问政，孔子告诉他："无欲速，无见小利。欲速则不达，见小利，则大事不成。"意思是说，要有远大的眼光，百年大计,不要急功近利,不要想着很快就能拿出成果,也不要为一些小利益花费太多的心力,要顾全大局。

曹操在夺取荆州后,马不停蹄,率领20多万水陆大军顺江东下,准备一举消灭刘备和孙权,实现统一全国的宏愿。可是他被胜利冲昏了头脑,骄傲轻敌,结果被孙刘联军火烧赤壁,仓皇溃逃,败走华容道。

俗话说"一口吃不了胖子",做任何事都应该有一个"不着急"的心态。所谓"有才而性缓",像曹操那般着急,想要通过加快速度来推进某件事情更进一步,其结果往往会因准备不足或中途大意而失败。

明末清初的名士周容著有《小港渡者》,里面记载道:"庚寅冬,予自小港欲入蛟川城,命小奚以木简束书从。时西日沉山,晚烟萦树,望城二里许。因问渡者:'尚可得南门开否?'渡者熟视小奚,应曰:'徐行之,尚开也;速进,则阖。'予愠为戏。趋行及半,小奚扑,束断书崩,啼未即起。理书就束,而前门已牡下矣。予爽然思渡者言近道。天下之以躁急自败,穷暮无所归宿者,其犹是也夫!"

其大意是,顺治七年冬天,我从小港想要进入镇海县城,吩咐小书童用木板夹好捆扎了一大沓书跟随着。这个时候,偏西的太阳已经落山,眼看着远方的烟雾缭绕逐渐变暗,我们离县城却还有大概二里路。我随口问那摆渡的人:"还来得及赶上南门开着吗?"那摆渡的人仔细地打量了小书童,回答说:"慢慢地走,城门还会开着,若是急忙赶路,城门就要关上了。"

我听了有些生气,认为他在戏弄人,于是加快步伐前进。没一会儿,小书童因为跟不上而摔了一跤,捆扎书的绳子断了,书也散落了一地。小书童坐在地上大哭起来,我一番好言相劝,他才起来,等到我们把书理齐捆好,前方的城门已经下了锁了。

最后周容醒悟道:"天下因为急躁而导致失败,直到天黑也无处归宿的人，就和这一样啊！"

曾在叶问麾下学拳的李小龙，年轻气盛，叶问叫他站桩，他站了几天就不站了，嚷着要学拳。叶问告诉他："习武之人，最要做到的是身心平静如水，心静思远能达千里。站桩的时候就像一棵树，树高万丈在于根，你的整个身心，要在你脚下的土地生根，根扎得越深，你的功夫就越深。"

正如叶问所说，把自己当成一棵平心静气的大树，让自己的根深深地扎入地下，这样才能历经风雨而不倒。急有时候不仅不能解决问题，还会让问题变得更加严重。生活里的方方面面都不能急，做学问着急，容易出现疏漏；做生意着急，容易质量下降；走路着急，容易发生危险。所以，每个人都需要一个稳定的心态，慢慢享受生命的过程。

6. 沉下心来，厚积才能薄发

季羡林其实年少的时候就已经有散文见报了，但他并没有急匆匆地向世人炫耀自己的能力，也没有四处说他读过了几本书，只是默默地做学问。在国内学习还不够，还远赴德国继续深造。进入晚年之后季羡林仍勤奋学习，笔耕不止。季羡林可以说是真正地做到了"活到老，学到老"。

1935年，风华正茂的季羡林进入德国哥廷根大学主修印度学，先后学习了梵文、巴利文、佛教混合梵文、吐火罗文等古代语言。

在德国的10年时间里，季羡林近乎疯狂地读书、学习，其努力刻苦程度可见一斑。有一次，季美林穷数月之力，翻阅了大量的专著和杂志，收集有关混合梵文的资料以及佛典由俗语逐渐梵文化的各种不同说法，写成了一篇洋洋万言的导论，巨细不遗。写完以后，季美林自我感觉良好，不禁沾沾自喜。他亲自将论文送给教授，满以为教授会对他大加赞许。

结果，教授授只是用一个括号括起了全文，意思很明确，统统删掉。季美林当时就懵了，教授向他解释说："你讨论问题时虽面面俱到，但无论哪一方面都不够充实、坚牢。如果人家想攻击你，不管从什么地方都能下手，而你防不胜防。"

从那以后，季美林便吸取了教训，默默地充实自己。

季美林在学术上的真正冲刺，其实是在70岁之后。多年来的积累、学贯中西的文化素养让他厚积薄发，才思泉涌。

季美林曾俏皮地说："写论文就像是尿尿，水喝多了，尿自然就有了。"

苏轼在《稼说送张琥》写道："博观而约取，厚积而薄发，吾告子止于此矣。"意思是说，读书要进行大量的积累，博览群书之后才能取其精华，为己所用。生活中，有很多人虽读了一些书，却在自己"一瓶不满，半瓶晃荡"的时候，就迫不及待地向他人展示自己的能力，而这常常是班门弄斧，让有学问的人看了贻笑大方。

相传，南宋时期的江西有一名士傲慢之极，凡人不理。有一次，他扬言要与大诗人杨万里会一会。杨万里谦和地表示欢迎，并希望他带一点江西的名产配盐幽菽来。名士一听就傻了眼，他实在搞不懂杨万里要他带的是什么东西，只好回答说："请先生原谅，我一介读书人，实在不知配盐幽菽是什么乡间之物，无法带来。"

杨万里则不慌不忙从书架上拿下一本《韵略》，翻开当中一页递给名士，只见书上写着："豉，配盐幽菽也。"原来，杨万里让他带的就是家庭日常食用的豆豉。

此时，名士面红耳赤，恨自己读书太少，始觉为人不该恃才傲物。

庄子说过："水之积也不厚，则其负大舟也无力；风之积也不厚，则其负大翼也无力。"这就告诫我们，知识的积累很重要，只有量变积累到一定程度时，才能达到质的飞跃。一个积累了50年知识的人，其对社会的认知能力和学识要远远超过一个只读了几年书，便觉得无读书之必要的人。

不只是做事业和做学问需要沉下心，就是做其他的事情，同样也需要沉下心来，只有踏踏实实沉下心才能把事情做好。

姜尚，俗称姜太公。西周初年，周文王封姜尚为"太师"，他被尊为"师尚父"，辅佐周文王。后又辅佐周武王灭商，对周朝的建立有着不可磨灭的贡献。

姜尚年少时家贫，为维持生计，他曾在商都朝歌宰牛卖肉，还到孟津做过卖酒的生意。但是他一直勤奋学习，认真探讨治国兴邦之道，以期有朝一日能够大展宏图。

在民间传说里，姜尚32岁时上昆仑山学道，学了整整40年才下山。

当时殷纣王暴虐无道，荒淫无度，朝政腐败，民不聊生。西伯侯姬昌倡行仁政，发展经济，实行勤俭立国和裕民政策，整个周地人心安定，天下民众亦倾心于周。刚下山不久的姜尚，获悉姬昌为治国兴邦，正在广求天下贤能之士，于是便来到渭水之滨的西周领地，终日以直钩钓鱼，待机出山。

终于有一天，姜尚遇见了到此游猎的西伯侯姬昌，姬昌见姜尚学识渊博，通晓历史和时势，便向他请教治国兴邦的良策。姜尚当即提出了"三常"之说："要治国兴邦，必须以贤为本，重视发掘、使用人才。"

西伯侯姬昌随即诚请姜尚回去辅佐自己,最终建立了大周王朝。

非洲草原上有一种最长的茅草,叫尖茅草。尖茅草刚长出来时又细又短,并不出众,即使人们仔细地找也不一定能在杂草丛中发现它。可是只要雨季一来临,不过三五天的时间,它便能长到两米左右。原来,初生阶段的尖茅草并不是不长,而是长在了根部,上面虽只长了几毫米,下面可能已经长了几米,从而为它的疯长奠定基础。因此,尖茅草也被称作非洲的"草地之王"。

人其实也应该像尖茅草一样,要把自己的根扎得深深的、底子打得厚厚的。俗话说:"十年磨一剑。"如果一把剑,在磨砺十年后能变得锋利异常,无坚不摧,那么十年沉寂也是值得的。

静——心态平和,达观进取

1. 顺应因缘,顺应自然

季羡林在讲到中国传统哲学的时候这样说过:"道家有一个非常重要的思想,就是崇尚自然,也叫做顺应自然。我们当今面临的一个非常大的问题,就是人类对自然资源的破坏非常严重……中国的道家思想主张顺应自然,爱护自然,保护自然。我想在这个方面,道家思想会提供有意义的资源。"

虽然季羡林讲的是人与自然的关系,但我们可以从他的生活中,看出他对待生活的态度——顺应自然。

季羡林的一生,经历过波诡云谲的政治动荡,也享受过名利双至的风光生活。按他自己的话说:"一个人从天堂到地狱,从地狱又回到天堂,要说对人生没有什么想法是不可能的。"季羡林认为,在对待世间的一切人和事时,最好能处之泰然,既不过分在意,也不漠不关心。因为若是你的想扔也扔不了,若不是你的想得也得不到。

季羡林说:"中国有句古话,叫'尽人事而听天命'。首先必须'尽人事',否则馅儿饼决不会自己从天上落到你嘴里。但又必须'听天命',人世间的事变幻无常,因果错综复杂。一个人只有做到'尽人事而听天命',才能永远保持心情的平衡。"

季羡林曾说过一句话:"极高明而道中庸。"顺应生活的发展,顺应因缘的趋势,正是一种高明的中庸。就像净空法师所说的:"我们的生活要顺应自然,身体才会健康;你违背自然,那你肯定会生病。"

老子认为,一切行为,都要遵循自然法则。他在《道德经》中写道:"人法地,地法天,天法道,道法自然。""百姓皆曰我自然。""道之尊也,德之贵也。天莫之爵而恒自然也。"

这段话的大意是说,人要遵循地的法规才能生存,土地要依赖天象气候的变化才能生万物,天象气候则要依其道即规律而运行。道就是那些自存的当然,既是所谓的自然的东西。

俗话说:"强扭的瓜不甜。"同理,强扭的生活也不甜。有很多人一遇到挫折便大发雷霆,不明白为什么自己如此努力却收获不到成功。一旦想不通便时刻纠结于此,想方设法要让生活顺应自己的意愿,最后却把生活搞得一团糟。

罗马的大哲学家依匹托塔士说过:"快乐之道无他,就是不要去忧虑我们的意志力所不能及的事情。"这句话与中国的一句俗语大同小异,就是"天塌下来有大个儿顶着"。这就是一种顺其自然的心态。

大约在4000多年前,中国的黄河流域洪水为患,尧帝命鲧负责领导与组织治水工作。鲧采取"水来土挡"的策略治水,哪里有水患就去堵哪里,治水多年却无一点成效。尧帝怒杀鲧,命其子禹继续主持治水大任。

禹带领着众人先四处考察，他发现龙门山口过于狭窄，难以通过汛期洪水，而且黄河淤积，流水不畅。于是禹大刀阔斧，改"堵"为"疏"，就是疏通河道，拓宽峡口，让洪水能更快地通过。禹采用了"治水须顺水性，水性就下，导之入海。高处就凿通，低处就疏导"的治水思想。

禹带领着群众四处开挖泄洪道，劈山放水，经过13年的不懈地努力，洪水由龙门山口一泻千里，向下游流去，江河从此畅通无阻。

孟子评论道："禹之行水也，行其所无事也。"意思是说，大禹治水之所以获得成功，是因为他掌握了水的自然规律，会因势利导。

克莱斯勒公司的总经理凯勒先生在谈到他如何避免忧虑时说："要是我碰到很棘手的事情，只要想得出解决办法的，我就去做。要是没有解决办法的，我就干脆把它忘了。我从来不为未来担心，因为没有人能够知道未来会发生什么事情。影响未来的因素太多，却也没有人能说出这些影响从何而来，所以何必为它们担心呢？"

生活中有很多事情一旦发生了就无法改变，与其纠结于此，不如顺其发展，切不可"死心眼"般硬着头皮往上闯。生活就像治洪一样，"堵不如疏"，越堵积聚的洪水就越多，终将我们冲垮。

当我们遇到无法解决的事情的时候，与其费尽心思，没有结果，不如省下些精力，去创造另一个更加丰富的人生呢？尽自己最大的努力把能做的事情做好，至于结果怎么样，那就要看缘分和命运了。时刻保持着这样一种良好的心态，我们的生活才能变得更加幸福。

2. 清静无为则内心澄澈

著名学者谢冕曾这样评价季羡林先生："他是那样的普通，普通得无法和周围的人加以区分。他如同一滴最平凡的水珠，无声地消融在大江大河的激流之中；他如同一粒最平凡的泥土，加入了无比浑厚的黄土地的浑重之中。"晚年的季羡林更像是一潭湖水，湖面波澜不惊，却又深不见底。季羡林喜欢清静，不喜欢被打扰。有人可能会说，老年人大多喜欢清静。然而，季羡林喜欢清静的性格在他年轻的时候就表现出来了。

季羡林到德国留学的第一年，先选了希腊文，另外又选了许多课程，每天上课六小时，还自学拉丁文。过了一段时间，他对学希腊文有些动摇，想改学古埃及文，却又犹豫不决。正在彷徨之际，他走到大学教务处门外，逐一看各系各位教授开的课程表。只见他忽然间眼睛一亮。原来，他看到了瓦尔德施米特教授开的梵文的课程表。季羡林顿时激动万分，这正是他多年来梦寐以求而又求之不得的课程。

在清华读书时，季羡林曾旁听过陈寅恪先生的"佛经翻译文学"课，当时他就动过学习梵文的念头，但是无奈于国内无人能讲此课，他也只能就此作罢。现在可谓是天遂人愿了。季羡林当即决定选学梵文。他在日记里提过他学梵文的动因，他说："中国文化受印度文化的影响太大了。我要对中印文化的关系彻底研究一下。"

从此以后，季羡林便每天往返于家与梵文研究所之间，除了吃饭和睡觉，其余的时间就是在学习梵文和巴利文。虽然生活极其单调、乏味，但季羡林却乐在其中。

1937年，季羡林在交换期结束，即将回国的时候，国内爆发了"七七事变"，随即抗日战争全面爆发。不久，他的家乡济南就被日寇占领。季羡林有家难归，只好决定暂时留在德国。

"清静无为，内心澄澈"语出明代洪应明的《菜根谭》。"清静无为"是典型的道家思想，而人们对此却有诸多误解，认为"无为"就是不作为，是一种消极避世的思想，对人和社会的发展都不利。其实不然，"无为"并不是无所作为，也不是无所事事，而是不做无效的工作。该做的做，不该做的不做，否则就是违背了道。

老子的中心思想就是保持内心的清净，这对于当今社会的发展有着极为重要的意义。我们总是把今天的社会定义为一个物质的社会，物欲横流、诱惑迷眼，很多人沉浸于此，因而内心得不到一刻的安宁，甚至渐渐染上了不好的习惯。

我们身处在社会这个"大染缸"里，要想保持内心的澄澈，不变初心，就要凡事"顺天之时，随地之性，因人之心"，时刻提醒自己不要违反"天时、地性、人心"。俗话说"人到无求品自高"，对物质几乎没有欲望的人，自然也就能够保持内心的一份安宁了。

东汉时期的张衡，年轻时就以才学闻于世，但他却从无骄傲之心。他性格从容淡静，不好交接俗人，也不追求名利。当时炙手可热的权势人物，大将军邓骘曾多次召他，他亦坚辞不就。他誓要苦练真本领，打好功业的基础。

张衡不慕荣华，不趋权贵，不贪高位，不重利禄。当时的社会风气极差，政治昏暗，张衡不愿意参与其中。他曾担任过太史令一职，而且一做就是好多年，始终不得升迁，但他对此却毫不在意，依旧孜孜于钻研技术，热衷发明。

在当时,张衡的这种行为,让人们大为不解。人们认为张衡有如此的才学,却不去钻研做大官,以求高官厚禄,真是太可惜了。为了回应好心人的劝慰,张衡写了《应间》一文以表明自己的志向。他回答说:"君子不患位之不尊,而患德之不崇;不耻禄之不伙,而耻知之不博。"

其大意为,君子不忧虑地位不尊荣,忧虑的是德行不高尚;不以待遇低为羞耻,羞耻的是学识不渊博。这两句话掷地有声,表明了张衡要在黑暗的社会风气下保持自己内心澄澈的思想。

战国时代,列子其学本于黄帝老子,主张清静无为。因家中贫穷,常常填不饱肚子,以致面黄肌瘦。有人劝郑国执政子阳资助列子,以博个好士之名,于是子阳就派人送他十车粮食,列子再三致谢,却不肯收受实物。

妻子埋怨说:"我听说有道的人,老婆孩子都能快乐地生活,现在我却常常挨饿。宰相送粮食给你你却不接受,我真是命苦啊。"

列子笑着对妻子说:"子阳并不真的了解我,听了别人的话才送粮给我。以后也可能听别人的话怪罪我,所以我不能接受。"

一年之后,郑国发生变乱,子阳被杀,其党众多被株连致死,列子得以安然无恙。

西汉初的统治者曾采取"无为而治"的思想治国,使得濒临崩溃的社会经济在短短的几十年内得以恢复和发展,出现了"文景之治",也迎来了西汉盛世。"清静无为"能够让每一个人都找到自己内心的真正需求,找到自己的精神支持。如此,才能在社会里"出淤泥而不染",不让自己的心蒙上一层灰尘。

3. 简单做人，简单生活

季羡林是陶渊明的信徒，他曾多次提到陶渊明的四句诗："纵浪大化中，不喜亦不惧，应尽便顺尽，无复独多虑。"季羡林崇尚那种简单到极致的生活，因此让自己做人也变得简单至极。

季羡林十分注重保持平和的心态，一些在别人看来心烦不已的事情，他都能做到坦然处之，他曾说："待人要真诚，不虚假，且能容忍，凡事想开一些。人的一切要合乎科学规律、顺其自然，不大喜大悲，不多忧虑，最重要的是，多做点有益的事。"

季羡林的日常生活十分简朴，即便是饮食上，他也力求简单。他平日很少吃肉，基本上都是以素菜为主，也不挑食、不忌口，做什么就吃什么。用他的话说，愿意吃就多吃一点，不愿吃就少吃一些。

至于穿着，季羡林就更没有要求了，他的衣服多是穿过十年八年，甚至更长时间的。有一件雨衣，是他1946年从德国回到上海时买的，一直穿了50年还没有扔掉。有一天，一位专家说："您的这件雨衣，款式真时髦！"他听后大惑不解。经专家解释他才知道，原来，在经过了50年的变化之后，服饰流行的趋势又开始回归，他50年前买的那款雨衣刚好成为当年的时尚新款。

季羡林的生活哲学是："食足以果腹，不就够了吗？衣足以蔽体则已，何必追求豪华？"如果把大量的时间用在考虑和置办"吃喝穿着"上，还哪里有时间思考和工作？

佛光山开山祖师星云大师说:"我们应该怎么样生活呢?首先要随遇而安,要随缘生活,要随心自在,要随喜而作。总之,简单的生活才是人生的无上境界。"

现在人们的生活变得越来越嘈杂纷乱,甚至有的时候会让人觉得苦不堪言。美国作家丽莎·茵·普兰特著有一本畅销书,她在书中说:"简单意味着悠闲。是平息外部无休无止的喧嚣,回归内在自我的唯一途径。"当我们拥有了金钱地位,却发现应酬日益增多,每日忙碌不堪,甚至连睡眠时间都很少时,我们真应该问问自己,这样的生活真的是我们想要的吗?

有人觉得"简单生活"就是清心寡欲,就是不要丰厚的工资,吃粗茶淡饭。其实,这是对简单生活的误解,简单只意味着"悠闲",只要不让金钱给我们带来焦虑和忙碌,那么无论是千万富翁还是普通工人,都可以让自己的生活简单自得。

卡尔逊说:"简单生活不是自甘贫贱。你可以开一部昂贵的车子,但仍然可以使生活简化。一个基本的概念是你想要改进你的生活品质,而改变的关键是诚实地面对自己。想想看,生命中对自己真正重要的是什么。"

简单,单从字面理解是复杂的反义词。简单一词,从诠释人生哲理方面来理解,是对复杂纷繁人生价值的提炼与升华,是对多彩社会生活的打磨和创造。简单做人,说来容易,做起来却很难。它需要我们摒弃一切奢求、贪欲和妄想,卸掉一切外衣、面具和伪装。

1845年,梭罗在距离康科德两英里的瓦尔登湖畔隐居两年零两个月又两天,其间他自耕自食,体验着简朴和接近自然的生活,并以此为素材写成了长篇散文《瓦尔登湖》。

梭罗向《小妇人》的作者露意莎·梅·奥尔柯特借了一柄斧头,然后孤身一人跑进了无人居住的瓦尔登湖边的山林中。他用自己砍的柴，在瓦尔登湖畔建造了一个小木屋，并在此开荒种地，写作看书，过着非常简朴、原始的生活。

来到瓦尔登湖畔之后，罗梭认为他找到了一种理想的生活方式。在这两年多的时间里，他在小木屋周围种豆子、玉米和马铃薯，然后拿这些果实到村子里去换大米，他完全靠自己的双手度过了一段原始简朴的生活。这简单到有些离谱的生活却让梭罗的思想有了一个质的飞跃，他观察了四季的变化，甚至两只蚂蚁的争斗，他说他的目的就是要通过这次亲力亲为的实践向人们证明：其实不需要很多钱，也能够好好地活着，而且能够快快乐乐地活着。

余秋雨曾说："一个成功的企业，它的经营模式一定是简单的；一个伟大的人物，他的人际关系一定是简单的；一个危机处理专家，他抓住问题的思路一定是简单的；一部划时代的著作，它的核心理念也一定是简单的。"

在日常生活中，我们要学会删繁就简。删繁就简，撤掉多余的部分，我们的生活就简朴、简洁、简练而且丰富、深邃了。每天午后泡一杯茶，享受着充足的阳光，什么都不去想，这就是一种简单；真诚待人，把人际关系理顺，对每个人都保持尊重，不去掺和杂七杂八的是非，这就是一种简单；努力工作，不羡慕别人赚到了更多的钱，不为金钱所累，生活自足，这同样也是一种简单。

4. 淡定冷静, 谨慎从事

有人曾这样描绘季羡林——"来者不拒,去者不纠"。季羡林的人生,没有过任何尖锐的追求, 就如他带着自家的猫在校园里遛弯儿一般,淡定从容。虽然季羡林一副文人的柔弱模样,但是却是个外柔内刚,遇事绝不慌乱的人。

1945年,远在德国的季羡林遭遇到了生命的危机。他在某一天早晨去买面包时,遇到了空袭,他在日记中这样写道:

"天空里盘旋着英美的侦察机。吃过午饭,又来了警报,就出去向那Pilzkeller(培植蘑菇的山洞)跑……一直等到五点多,觉得不会再有什么事情了,才慢慢回家。刚坐下不久,就听到飞机声,赶快向楼下跑,终于跑到那Pilzkeller。仍然是一批批炸弹向城里丢。我们所怕的Grossangriff(大攻击)终于来了。"

季羡林在Pilzkeller里躲了很久,直到晚上八点的时候才出来,这时他看到西城车站正燃起一片大火,天空中浓烟滚滚,说明刚刚发生了不小的爆炸。季羡林随即回到家中,他的住所停电了,他一直等到深夜,却还是连一点有电的迹象都没有。屋子里一片漆黑,季羡林心里极度不安,想来想去,他最终还是带了东西重新回到了防空洞。

处在防空洞里的季羡林还是一夜未眠,这期间他听说所有人都要离开哥根廷,心中不免忐忑。他在日记里写道:"好歹盼到天明,仓促回家吃了点东西,往地窖里搬了一批书,又回去。远处炮声响得厉害。地窖里已经乱成一团。有的说,德国军队要守哥城;有的说,哥城预备投降。蓦地城里响起了五分钟长的警笛，我心里又一惊，自己的命运同哥城的命运，就要在短期内决定了，炮声也觉得挨近了……谁都不敢出来，怕美国兵开枪。"

最后，季羡林冷静下来，同一位德国太太走出来，找到一个美国兵询问情况，在发现没有问题后，才叫大伙儿都出来。季羡林兴奋地跑到一辆坦克车面前跟美国兵聊天，因为他知道哥根廷解放了。

苏洵有云："泰山崩于前而面不改，麋鹿兴于右而目不瞬。"有些人遇事容易慌乱，大脑常常不假思索地做出判断，这样只会把事情越做越糟。

一个人在任何时候都应该淡定且谨慎地处事，即便遇到"火烧眉毛"的大事，也要静下心来，考虑如何"灭火"才行。

然而凡事能淡定从容，绝非易事。因为它是一种智慧的沉淀，是一种经历的累积，是为人的最高境界。

公元371年，桓温在北伐时于枋头惨败。为了重立威名，他听从郗超的建议，废黜海西公司马奕，另立丞相司马昱为帝，即简文帝。第二年，简文帝病危，于是他拟定了一份遗诏，封赏立他为帝的桓温可以像周公摄政一般辅佐新皇，诏书中写道："少子可辅者辅之，如不可，君自取之。"

这事正好被吏部尚书谢安得知，他与王坦之主动觐见皇帝，修改了遗诏，扼杀了桓温篡位的可能。并且在简文帝死后，谢安组织士族代表人物在建康拥立年仅10岁的皇太子司马曜继位。

桓温得知此事勃然大怒，他以奔丧为名，率大军直奔建康。

当时，建康城里人心惶惶，有人说桓温要杀王坦之、谢安，晋室的天下将要转落他人之手。王坦之非常害怕，谢安却神色不变，他说："晋室的存亡，就取决于此行。"

桓温抵达建康后，百官夹道叩拜。桓温部署重兵守卫，接待百官，当时有官位声望的人都惊慌失色。王坦之汗流浃背,连手版都拿倒了,只有谢安从容就座。他坐定以后,对桓温说:"我听说诸侯有道,守卫在四邻,明公哪里用得着在墙壁后面安置人呀!"

桓温笑着说:"正是由于不能不这样做。"于是命令左右的人撤走,与谢安笑谈良久。由于谢安的机智和镇定,桓温始终没敢对二人下手,不久便退走。

三国时期,诸葛亮得知司马懿大军兵临城下,并没有惊慌失措,反而命人打开城门,自己则登上城楼抚琴,如此才留下千古传颂的"空城计"智退司马懿。若诸葛亮当时不能淡定从容,而是组织逃跑,恐怕再快也快不过司马懿的骑兵,又哪里还会有诸葛亮的种种神机妙算呢?

冷静淡定对于做事有着很大的意义。冷静,意味着我们能够把问题考虑得更清楚;淡定,意味着我们不会毛手毛脚地做事,以避免失误。很多问题看似想不出办法,其实是因为没能静下心来思考,所以,任何时候都保持一个冷静淡定的头脑去思考问题是非常重要的。

5. 生活平淡万般滋味

有人说,人的一生有百分之五是精彩的,有百分之五是痛苦的,而另外的百分之九十是平淡的,而人们往往被百分之五的精彩诱惑,忍受着百分之五的痛苦,而在百分之九十的平淡中度过。而这所谓的平淡,并非如行尸走肉般黯淡无光,只要你有一颗热爱生活的心,平淡中也有万般滋味。

　　季羡林的生活很平淡，但是他却将这平淡的生活活出了多种滋味。每天养花弄草、逗猫遛猫，算是他生活里最大的享受。季羡林很自豪地说："……它们在稿子上撒尿，我也没办法。还有，那个猫啊，你不能关着它，你要让它感到自由，怎么呢，就是让它跑出去，它想回家的时候就会回来的。你看我那猫，我可以带着它遛弯呢，很少有人带着猫遛弯吧。"最后，季羡林"遛猫"俨然成了北大一道独特的风景。

　　季羡林并非是一个生活无趣的人。大约在1978年，季羡林开始养猫。这是一只再平常不过的狸猫，身上有虎的斑纹，颜色不黑不黄，并不美观。只是它有一双炯炯有神的眼睛，虎虎而有生气，因此起名为虎子。虎子脾气暴烈，不怕人，谁想打它，它不仅不回避，反而会向对方进攻，声色俱厉。谁要是得罪了它后再来家里，虎子便会追着他咬。后来，虎子胆子更加大，除了三个主人外，谁都敢咬，连季羡林的外孙子也不例外。

　　1981年，季羡林又养了一只雪白长毛的波斯猫，因为是洋猫，便起名为咪咪。每天晚上，两只猫都会抢着到他床上去睡觉。

　　咪咪虽然模样洋气，却喜欢到处小便，桌子上、椅子上、沙发上，几乎无处不便。而且越发喜欢在季羡林的稿子上小便，有时候季羡林正写着什么文章呢，咪咪就跳上去，屁股往下一蹲，一泡猫尿就留在稿子上面了。

　　季羡林虽然生气，但是他谨遵自己的一条戒律，就是决不打小猫一掌，不管是在什么情况下。季羡林怕稿子有骚味，出版社不要，常常是把稿子一张一张晾干，有的干脆重抄一份。

　　有人从湖北给季羡林带来几颗莲子，季羡林便将它们撒在池塘里，也不去管，等到第四年，池塘中居然长出了一大片绿叶，相信这个中惊喜，恐怕只有季羡林自己能够体会得到。

年轻人不喜欢平淡的生活,总希望自己的生活要多姿多彩,要色彩纷呈,要"刺激"。其实是他们不懂生活,因为平淡的生活才真有万般滋味。所谓苦涩、浓烈、甜腻、辛酸等都是出于平淡之中,聪明人不会过分追求滋味,而会像品茶一样品味平淡的生活。当我们能从"白开水"中品出屡屡香茗之味时,就说明我们已经懂得生活了。

要平淡,得先平心,粗茶淡饭仍能下咽、仍觉美味,就叫做感受生活中的平淡之美。所谓"真香无味",平淡乃是生活的一大特色。一个人若不能理解、感受这种平淡,一味地追逐多种滋味的人生,恐怕他是不能感悟生活的真谛的。

陶渊明没有高官厚禄,却能自在赏菊,悠然见南山;李白不被重用,独自一人游荡,却能跟敬亭山"相看两不厌";刘禹锡身居陋室,却能感受到品德的馨香。这些都是在平淡的生活中品出别样滋味的例子。有句话叫做"世界上不是缺少美,而是缺少发现美的眼睛"。其实这句话还可以这么说"生活并不平淡,而是缺少将平淡品出滋味的人。"

弘一法师是我国近代的著名高僧,他后半生致力于研习佛法,在青灯古佛里的平淡中品尝出人生别样滋味。

1925年秋天,由于发生战事,弘一法师被迫滞留宁波,在好友夏丏尊先生的住所留了数日。在与弘一法师的相处中,夏丏尊发现,弘一法师每餐只有一碗白米饭、一道素菜和一杯白开水。对于弘一法师如此清贫的生活,夏丏尊实在于心不忍,便问道:"一碟腌萝卜,你就不觉得太咸吗?"弘一法师答道:"咸有咸的滋味。"夏丏尊又问道:"水中不添茶叶,不会觉得太淡吗?"弘一法师又答道:"淡有淡的味道。"

对于弘一法师来说,百衲衣、破卷席和旧毛巾是一样的,青菜、萝卜和白开水也是一样的,无论咸也好、淡也好,他都能够在琐碎的日常生活中咀嚼出它的全部滋味。

有的人觉得生活无聊,甚至毫无意义,其实不是生活无聊,而是他们自己无聊。我们与其抱怨生活平淡无奇,不如睁大双眼去发现生活的惊喜之处。每一天行走的路上都会有我们不曾注意的风景,每一次天气变化都会有不同的景观,甚至连路边的小草都会比昨天更加茁壮。我们要像一个诗人一样,用心去感受这个世界,将自己的生活活出诗意。

生活就像一杯白开水,尝起来平淡无味,但却是最本质的滋味,因为我们可以往里面添加任何味道。因此,只要用心生活,就一定能够品尝出生活的万般滋味来。

6. 活在当下,坦然生活

季羡林晚年患了一点慢性病,主要是老年哮喘和白内障,然而他却自称身躯顽健,十里八里抬腿就到。过去的他,早晨四点起床,晚年更是三点就起床了,而他每天工作的时间则又增加了一个小时。别人问他:"你难道就不困乏,不愿意睡觉吗?"季羡林回答:"怎么不愿意睡觉,但是一到那个时候,就好像有根鞭子在抽着我,睡不着了自然就起来了。"

季羡林的生活就是活在当下的生活方式,活在当下是一种积极的生活态度。生活的无论好与坏都能坦然接受。季羡林曾讲过他在德国挨饿的日子。

　　季美林留学德国时曾同一位德国小姐一同骑自行车下乡去帮助农民采摘苹果。因为当时正值战乱，成年男子几乎都被征从军，劳动力异常缺少。季美林帮忙干了一整天，临走前，农民送给他一些苹果和五磅土豆。季美林飞速地赶回家，把五磅土豆全部煮了，一顿饭就吃个精光，但仍然毫无饱意。其挨饿的程度，可以想见。

　　季美林在读俄国作家果戈理的《钦差大臣》时，书中有一个人没有东西吃，脱口说了一句："我饿得简直想把地球一口气吞下去。"季美林说："我读了，大为高兴，因为这位俄国作家在多少年以前就说出了我心里的话。"

　　尽管如此，季美林依旧没有放松学习，依旧争分夺秒地看书，肚子饿得再瘪也毫不在意，炮弹在城外爆炸，他也只是躲一躲。由此可见，季美林早就懂得了坦然生活的真谛，否则又怎么可能一个人在德国坚持了10年之久。

　　"活在当下"这个词是近几年开始热起来的，其实在《般若波罗蜜多心经》中早就有："悟道者不因利害、毁誉、褒贬、苦乐等而动摇。毕竟这一切迟早都会成为过去。"南怀瑾先生对此解释说："人生以人生为目的，好好活在当下，人生的重点就是眼前，人必须全神贯注于当下，要全身心地投入现在的生活当中，当下的幸福才是幸福。"

　　"活在当下才是最真实的"，这其实是一种豁达的、坦然的生活态度。这种态度要我们该工作时就工作，该休息时就休息，放下过去的烦恼，摒弃未来的忧思，全身心地投入眼前的每一分每一秒，接受当下，并享受生活。

　　《庄子·内篇·大宗师第六》："不忘其所始，不求其所终，受而喜之，忘而复之。是之谓不以心捐道，不以人助天。是之谓真人。"这段话的意思是说，不忘记自己从哪儿来，也不寻求自己要往哪儿去，承受什么际遇都欢欢喜喜，忘掉死生像是回到了自己的本然，不用心智去损害大道，也不用人为的因素去帮助自然。这就叫做"真人"。

很多人之所以会有这样或者那样的烦恼，是因为他们总是生活在过去或者未来，而忽略了生活的"当下"。一个真正懂得"活在当下"的人，能做到"快乐来临的时候，享受快乐；痛苦来临的时候，迎接痛苦"。无论是在黑暗或光明中，既不回避，也不逃离，以坦然的态度来面对人生。

沈从文很早就在中国名声大噪，胡适曾称赞他是"中国小说家中最有希望的"，他的小说《边城》更是享誉国际。尽管如此，他也未能逃脱"文化大革命"中的种种迫害。

"文化大革命"期间，造反派安排沈从文每天打扫历史博物馆的女厕所，对于一个文学老人来说，这简直算是一种侮辱。但沈从文对此却很看得开，他幽默地说："这是造反派领导、革命小将对我的信任，虽然我政治上不可靠，但道德上可靠……"

后来，沈从文被下放到湖北咸宁干校一个叫双溪的地方劳动改造，在那样凄苦的境遇下，他在给他的表侄——画家黄永玉的信中写道："这里的荷花真好，你若来……"被下放的时候居然还有心情赏花，其坦然的态度着实令人佩服。

当沈从文以一个著名作家的身份，蒙受不白之冤，而被分配到故宫博物馆这样一个冷清的地方时，他既没有沉浸在对过去辉煌的回忆中，也没有戚戚于未来的坎坷艰辛，而是立马动手整理资料，研究古代服饰文化。在那些不为人知的岁月中，每一天，他都抱着一堆书籍，走遍故宫的每一个角落，潜心研究。因此，他的《中国古代服饰研究》才最终成为学术经典。现今我国很多影视作品里的古代服装，都是根据此书制作。

有人说："今天扫今天的落叶，明天的落叶不会今天掉下来。"活在当下，倡导的并不是那种"今朝有酒今朝醉，明日无酒明日忧"的享乐主义，而是让我们不要被过去、未来所束缚，把握当下的快乐，把握今天的机遇，做自己想做的事。认真地生活在当下，真实地生活在今天，不让自己的人生留有遗憾。

过去的一页，能不翻就不翻，因为翻落的灰尘会迷了双眼；未来的一页，能不翻也别去翻，因为我们迟早会翻到，翻的多了会让人"消化不良"。把握好现在的生活，才是我们最要做的事。

第九课

达——拥有无限的心量

1. 静待人生起伏

季羡林说："多少年以来，我的座右铭一直是：纵浪大化中，不喜亦不惧。应尽便须尽，无复独多虑。到了现在，自己已经九十多岁了。离人生的尽头也不会太远了。在这个时候，根据座右铭的精神，处之泰然，随遇而安。我认为，这是唯一正确的态度。"

新中国成立后，季羡林满心兴奋，他想多发光发热，多做贡献，先后担任了北大工会的多个职务，似乎浑身有使不完的劲。作为北大教授，季羡林既能研究学术问题，又能为国家培养人才，闲暇时还能写点东西，生活可谓是无比充实。

但好景不长，因为"文化大革命"来了，造反派在季羡林的脖子上挂了一个用细铁丝绑着的牌子,揪着他到街上游行,周围站满了人。

此外,季羡林还要每天背诵一段"最高指示",倘若背错一个字,轻则一个耳光,重则更严厉的惩罚。当时有一个"张老爷",每天晚上都要"召见"一两个人,他一边抠脚趾缝,一边折磨对方。季羡林不幸被"召见"过两次,第一次仅仅是精神折磨,第二次那人干脆用自行车链条劈头盖脸打下来,究竟打了多长时间,季羡林也记不得了,只听得一声"滚蛋",他才回到牢房。结果,他的脸上,鼻子里,嘴里,耳朵上都流着血。季羡林一介文人,哪里受得了如此的折磨。

季羡林想到了死,他想了想,觉得不能死在家里。于是他揣着一布袋的安眠药,准备出门去寻死,就在这时,红卫兵砸开了他家的门,又把他揪走了。

这回季羡林倒不死了,他觉得还是活下去的好,虽然痛苦,但是也要经历过去。

季羡林在《二月兰》中写道:"花儿们好像是没有什么悲欢离合的。应该开时,它们就开;该消失时,它们就消失。它们是'纵浪大化中',一切顺其自然,自己无所谓什么悲与喜。然而,人这个万物之灵却偏偏有了感情,有了感情就有了悲欢。这真是多此一举,然而没有法子。"

有人说,人生就像过山车,时而向上冲刺,时而急转直下,时而掉转。人的一生之中难免起起伏伏,处于低谷便觉得自己看不到太阳,从此放弃生活。季羡林用行动告诉我们,哪怕是身在低谷,只要抬起头就能看见太阳,要有任它起伏,自己屹然不动的气魄。

苏东坡被贬黄州第三年,在野外遭遇了一场急雨,由此想到了自己半生之起伏,于是笑吟道:"莫听穿林打叶声,何妨吟啸且徐行……回首向来萧瑟处,归去,也无风雨也无晴。"苏轼面对人生起伏之豁达值得敬佩,"一蓑烟雨任平生"更是一种高明的境界。

苏轼的一生虽然多次受到排斥打击,仕途屡遭贬逐,历经许多坎坷,时时处于人生的逆境,但他并未因此而对苦难麻木不仁,对加诸其身的迫害也不是逆来顺受,也没有因此否定人生,而是以一种全新的人生态度来对待接踵而至的不幸。这种执着于人生而又超然物外的生命范式,蕴含着坚定、沉着、乐观、旷达的人生态度。

苏东坡的仕途之路异常坎坷,在42年的官宦生涯中,有1/3的时间是在"流放"中度过。42岁时,他因"乌台诗案"受小人谗言,被宋神宗贬到黄州。他并没有因此自暴自弃、放浪不羁,而是将一腔悲愤化作了文学创作的动力。

此间,他寄情于山水、与古人神交,写下了《念奴娇·赤壁怀古》等流传千古的词作,在词坛开创了豪放之风的先河,也给自己的创作开辟了一方广阔天地。

"心烦手不闲,手忙心怡然。"苏东坡在流放中,心中虽然烦闷,但却没有无所事事,反而事必躬亲,进而发展出耕地、烹调的爱好。在劳动中,他的心情也变好了。于是他成功地把"致君尧舜"的入世心态很快地转变为"聊从造物游"的出世心态,并激发出独特的创造力。最典型的是,苏东坡在下放黄州、惠州期间,创造出20多种菜肴,如东坡肉、东坡鲫鱼、东坡豆腐等,这些菜品至今还被人们津津乐道。

王维有一句诗:"行到水穷处,坐看云起时。"走到了山穷水尽的时候怎么办?王维告诉我们,既然看不了山水,就看云起云落吧。这句话的本意是让我们时刻充满希望,哪怕是在最低处,也别放弃自己;哪怕是连云都不能看,也别灰心,因为我们还可以看地上的石块。

刘墉先生对人生的解释是:"面对人生的起起落落、恩恩怨怨,却能冷冷静静地一一化解,有一天终于顿悟,这就是人生。"当我们面对人生中的低谷时,要学会自我调适。就好比天气冷了时,多加一件衣裳,自我调适气候的温度;肚子饿了、口渴了时,也需要饭菜饮食来调适身体的需要。

所谓起伏,那就是有起便有伏,谁都想身处高处"一览众山小",但这是不可能的。所以,我们时刻都要做好跌落低谷和登上顶峰的准备。这样我们才能置人生起伏于平静,在起起伏伏、崎岖坎坷的人生里,保持一颗平坦的心。

2. 福祸无常,泰然处之

季羡林曾戏谑过古代的"大人物",他说:"他们一身系天下安危,或者系一个地区、一个行当的安危。他们得意时,比如打了一场大胜仗,或者倒卖房地产、炒股票,发了一笔大财,意气风发,踌躇满志,自以为天上天下,唯我独尊。然而一旦失败,不是乌江自刎,就是从摩天高楼跳下。"

季羡林是这样看待福祸的。吾辈小民,过着平平常常的日子,天天忙着吃、喝、拉、撒、睡;操持着柴、米、油、盐、酱、醋、茶。有时候难免走点小运,有的是主动争取来的,有的是时来运转,好运从天上掉下来的。高兴之余,不过喝上二两二锅头,飘飘然一阵了事。但有时又难免倒点小霉,倒霉以后,也不过心里郁闷几天,对老婆孩子发点小脾气,转瞬就过去了。

季羡林说,从古至今,中国知识分子有一个很大的"特色",这在西方国家是找不到的。就是中国历代的诗人、文学家,不倒霉则走不了运。司马迁在《太史公自序》中说:"昔西伯拘羑里,演《周易》;孔子厄陈蔡,作《春秋》;屈原放逐,著《离骚》;左丘失明,厥有《国语》;孙子膑脚,而论兵法;不韦迁蜀,世传《吕览》;韩非囚秦,《说难》、《孤愤》;《诗》300篇,大抵贤圣发愤之所为作也。"司马迁算的这个总账,后来并没有改变。汉代以后,所有的文学大家,几乎都是在倒霉之后才写出了震古烁今的杰作。像韩愈、苏轼、李清照、李后主等一批人,莫不皆然。

老子的《道德经》中有一句传世名言:"祸兮,福之所倚;福兮,祸之所伏。"祸福相生,这是中国古代生存哲学的基本理念。福祸本是一体两面、无法分开的,世间哪有单纯的福、纯粹的祸,有时候事情发生的瞬间,是福是祸仅仅只在一念之间。

"塞翁失马"的故事告诉我们,福祸是会互相转化的。其主要目的是要告诉人们面对福祸要泰然面对,既不要杞人忧天,成日提心吊胆;也不要在遭遇灾祸之后颓废沮丧,要有一颗祸福自便的心,来了灾祸就接着,来了福运照样接着。

战国时期,韩非是韩王室宗族,韩王歇的儿子。据《史记》记载,韩非精于"刑名法术之学",与秦相李斯都是荀子的学生。韩非文章出众,连李斯也自叹不如。韩非在目睹了战国后期韩国积贫积弱的现状,多次上书韩王,希望他能改变当时治国不务法制、养非所用、用非所养的情况,但其主张始终得不到采纳。韩非认为这是"廉直不容于邪枉之臣。"便退而著书,写出了《孤愤》、《五蠹》等书。

随后,韩非被派往秦国,得到了秦王嬴政的重用。当他刚准备大展拳脚的时候,却遭到李斯的嫉妒。李斯向秦王提出灭六国一统天下的通天大计,而首要目标就是韩国。韩非作为韩国公子,自然与李斯政见相左,他力主存韩灭赵。如此一来,就妨碍了秦的统一大计。李斯借此进谏谗言,秦王将韩非投入监狱,最后逼其自杀。

韩非深知自己已没有机会再见秦王一面,更不可能有生还的机会,于是捧起毒酒,大大方方地喝下。虽然一生追求的理想已无缘亲眼看到得以实现的那天,但是韩非没有惊慌,他静静地喝下毒酒,安然死去。

韩非的著作给后世带来了极大的影响,后世的诸多君王均大规模采用了他的精华思想治国理政。

所谓泰然处之,就是遇事像泰山一样巍然挺立,心不被外物所动。当祸患来时我们要经受得起,把持得住,顺其自然;幸福降至时能冷静对待,淡然处之。始终以一个平和的心态面对生活,就能凡事看得开、想得开,处福祸于自然。

3. 人生当有不足

季羡林说:"每个人都想争取一个完满的人生。然而,自古及今,海内海外,一个百分之百完满的人生是没有的。所以我说,不完满才是人生。"

季羡林在谈生活、考试的时候都会说说不完满。关于生活,他曾这样写道:"新中国成立前后,不能说没有区别,可是一直到今天仍然是'不如意事常八九'。早晨在早市上被小贩'宰'了一刀;在公共汽车上被扒手割了包,踩了人一下,或者被人踩了一下,根本不会说'对不起'了,代之以对骂,甚至演出全武行;到了商店,难免买到假冒伪劣的商品,又得生一肚子气……谁能说,我们的人生多是完满的呢?"

关于考试,季羡林更是深有体会,他也幽默地写道:"现在我们运气好,得生于新社会中。然而那一个'考'字,宛如如来佛的手掌,你别想逃脱得了。幼儿园升小学,考;小学升初中,考;初中升高中,考;高中升大学,考;大学毕业想当硕士,考;硕士想当博士,考。考,考,考,变成了烤,烤,烤;一直到知命之年,厄运仍然难免。现代知识分子落到这样一张密而不漏的天网中,无所逃于天地之间,我们的人生还谈什么完满呢?"

契诃夫曾经说过:"完美是种理想,允许你十次修改也不会没有遗憾。"所谓"人生当有不足"有两层意思,首先是要正确认识到人生就是不足与不完满的交融,不可能会有人过上一种真正完美的生活。其次是表示这种人生的不完满再正常不过了,每个人都是如此。所以,不要过分追求完满,以免到头来让自己拥有的也丢失了。

在人生的旅途中,每个人都会遇到不如意的事情,看似生活美满的人其实不一定就如我们想的那般幸福。当我们睁大双眼观察这大千世界的时候,就会发现,没有一个人、一件事是真正完美的。正如维纳斯,这是个以断臂闻名世界的雕像。创作者想追求的都是完美的结果,只不过断臂这个小小的意外反让维纳斯更加受人欢迎。

生活中,我们要学会把不完满当成是一种完满,学会把不足当成是一种完美。正因为我们要求的太多、不满足的太多,才会让人生有了太多的不如意。有句话叫做"完美本是毒",若不能看开这一点,一味地追求完美,其结果终会让人心力交瘁。

中国古代的四大美女,因相貌美丽留下千古佳话,然而她们四个人的命运却并不完美,都或多或少有着坎坷的遭遇,甚至悲惨的结局。正如有人说:"人生当有不足,不完满才是人生的重要表象。"

台湾作家刘墉先生写过这样一则故事。

一个朋友，单身了大半辈子，年近50的时候突然结了婚，新娘跟他的年龄差不多，徐娘半老，风韵犹存。了解内幕的朋友们都在窃窃私语："那女人以前是个演员，嫁了两任丈夫都离了婚，现在不红了，由他捡了个剩货。"

一次我和这位朋友一同出去时，朋友一边开车，一边笑道："我这个人，年轻的时候就盼着开奔驰车，没钱买不起，现在呀，还是买不起，买了辆二手车。"

我说："二手？看来很好哇！马力也足。"

"是啊！"朋友突然话锋一转，"旧车有什么不好？就好像我太太，前面嫁了个四川人，后又嫁了个上海人，还在演艺圈20多年，大大小小的场面见多了，现在老了、收心了，没了以前的娇气、浮华气，却做得一手四川菜、上海菜，又懂得持家。讲句实在话，她真正最完满的时候，反而都被我遇上了。"

我说："你说得真有理，别人不说，我真看不出来，她竟然是当年的那位明星。"

"是啊！"朋友高兴地拍着方向盘道："其实想想自己，我又完满吗？我还不是千疮百孔，做过许多荒唐事？正因为我们都走过了这些，所以两个人都成熟了，知道了忍让，这种'不完满'正是一种'完满'啊！"

刘墉的观点很是明显，他是在告诉我们，"不完满"正是一种"完满"。能够认识到这一点的人便不会去苛求自己，更不会去苛求他人。"人有悲欢离合，月有阴晴圆缺，此事古难全"，且不去管它是否"古来难全"，满月时就欣赏满月，月缺时就欣赏月牙儿，哪怕是阴天看不见月亮，也可以看看黑得深邃的天幕，为什么一定强求自己只欣赏满月呢?!

4. 人生赢在勇于放下

　　季羡林幼年的时候家境贫穷，年纪很小就离开了母亲，寄居在叔父家里求学，后来又到德国留学十载，在第二次世界大战的战争环境下完成了自己的学业，学成回国后到北大任教。这一段时间曾让季羡林感到生活中充满阳光，然而随之而来的却是他人生中最残酷、最难忍的一次坎坷。

　　1967年11月30日深夜，季羡林正处在沉睡之中，忽然听到门外有汽车声，接着是一阵异常激烈的敲门声。季羡林连忙披衣起来，门一打开，只见六七个高头大汉闯了进来，他们都是东语系的学生，女头领的铁杆信徒，手持大木棒，人声鼎沸。季羡林知道发生了什么事，他早有思想准备，因此并不吃惊。只是他还没来得及穿衣服，就被赶到厨房里去，他的老伴和年近古稀的婶母也被赶到那里，一家三人做了囚徒。当时正值寒夜，每个人都冻得打战。

　　"牛鬼蛇神"季羡林被打上几个耳光，挨上几拳，踢上几脚几乎成了家常便饭。在被打入牛棚的时候，他只能在湿砖地上铺上席子，晚上就睡在上面，席子下面是一层薄薄的稻草，实在挡不住湿气。白天苍蝇成群，夜里蚊子成堆，季羡林每天都被咬得遍体鳞伤。

　　然而平反之后的季羡林并没有丝毫报复之心，他甚至安慰前来道歉的人："没事，我早都忘了。"

　　如此刻骨铭心的经历季羡林是不可能忘记的。他所说的忘了其实是放下了。他不愿意自己的余生永远有一块石头压在心头。

星云大师说:"心上的石头是什么?是忧愁、苦恼、悲伤、怨恨、烦闷,尤其是委屈之气,比石头更加沉重。不把这许多东西放下,心上压力太重了。石头不放下,日子怎么好过?"

俗话说"世上本无事,庸人自扰之"。很多时候,烦恼都是我们自找的,要想从烦恼的牢笼中解脱,首先要做到,放下心中的一切杂念。

放下不是放弃,而是让我们懂得衡量事物间的利弊得失,不过于强求,让自己的心灵变得清静而轻松。

将那些好的坏的念头、种种执著放下,将那些名誉、地位、财富、人际关系、烦恼、郁闷、挫折、沮丧、压力、仇恨等也都放下,这样我们才能够轻装上阵,一路上拥有一个轻松快乐的心情。

朱元璋极为宠爱自己的孙子朱允炆,将他立为皇太孙,而将自己的亲儿子们分派到边防及全国各地的要害之地。朱元璋认为,自己的儿子们最可靠,可以作为保护皇室的屏障。他曾对朱允炆说:"我把抵御外侮内乱的重大任务交给你的叔叔们了,他们能为你守住江山,你将来就踏踏实实地做皇帝吧。"

朱元璋不知道,远在北平的朱棣对此早已心有不满。朱允炆其实也知道,自己的这个叔叔势力极大,手握重兵,军事天赋又无人能比。倘若自己将他除掉,一定会背上"杀叔"之名。宅心仁厚的朱允炆,放不下心中的仁义道德,多次向自己的幕僚们说:"不要让我背负杀害叔叔的罪名。"

朱允炆登基后,称建文帝,按礼朱棣应该入朝朝拜新君,可是朱棣却"行皇道入,登陛不拜"。大臣们上奏朱允炆,让他下令杀了朱棣,朱允炆却要大臣们少安勿躁,然后就让朱棣回去了。

同年五月,朱元璋忌日,朱棣不敢再来,便派他的三个儿子前来祭拜。此时,又有人建议朱允炆扣留朱棣的三个儿子做人质,朱允炆依然没有同意。

随后的日子里,朱允炆开始大规模削藩,他派人带手谕去燕王府,可手谕上并没有写"逮捕燕王"。于是朱棣杀掉使者,开始造反。

建文二年,东昌决战,朱棣十万大军被歼,败退北平。双方都以刀兵相见了,朱允炆却仍然对将领说:"勿伤吾叔。"就是因为这句话,将领们不敢往朱棣的方向射箭,才让他几次性命得以保存。否则,他早已被乱箭射死。

朱允炆念及亲情不愿背负"杀叔"之名的结果却是,朱棣攻占南京,自己成千古之谜。

朱棣放不下对权力的追逐,因此对侄子的百般容忍视而不见,虽最后称帝,可夺权的阴影将一生挥之不去;朱允炆放不下心中的那份亲情,不愿背负"杀叔"之名,因而一次又一次地纵容自己的叔叔,最终落得一无所有的下场。

因为舍不得放下诱人的钱财,有些人费尽心思,不惜铤而走险;因为舍不得放弃对权力的占有欲,有些人热衷于溜须拍马、行贿受贿;因为舍不得放弃一段情感,有些人宁愿岁月蹉跎。佛说:放下,便得自在。人生赢在勇于放下、懂得取舍、用心包容,以勇气放下包袱,人生必将快乐、豁达、成功。

5. 不如意事常八九,常想一二

"文化大革命"期间,季羡林遭遇了一段艰难的岁月,在经过一番痛苦的挣扎后,他终于看到了一点点曙光,他说:"活下来,也许还是有点好处的。我一生写作翻译的高潮,恰恰出现在此期间。原因并不神秘:我获得了余裕和时间……没有人敢来找我,很少人有勇气同我谈上几句话。一两年内，没有收到一封信……然而我的脑筋还在，我的思想还在，我的感情还在，我的理智还在。我不甘心成为行尸走肉，我必须干点事情。"

季羡林把"没人找他"当成一件好事情，因为这样一来，他可以多做一些事情。这或许正是季羡林"常想一二"的生活哲学体现。

"不如意事常八九，常想一二"语出南宋诗人方岳，原诗是："不如意事常八九，可与语人无二三。"如果把生活比作一个大圆的话，有时候不如意的事情可能会占据80%的面积，很多人就此颓废，觉得人生看不到任何希望。但越是这样越应该像诗中说的那样，常常想想那美好的20%，自然会让人重新燃起希望。

简单来说，"常想一二"就是让我们学会凡事往好处想。凡事多往好处想，我们就会拥有一种更积极的生活态度。有一个著名的医学家说过："乐观的态度是你最好的药。"也就是说，不要凡事只想着其悲观的一面，否则我们的生活会处于一片灰暗之中。

如何对待生活，全凭我们自己选择。生活就像一面镜子，我们对着它笑，它便回我们微笑；我们对着它哭，它便回我们哭泣。生活还像一块橡皮泥，它会是什么样子完全取决于我们自己，我们捏成什么形状，它就是什么形状。"常想一二"就意味着要看生活中美好的一面，用积极乐观的态度生活，这样生活才会其乐无穷。

台湾著名作家林清玄在自己的文章里记载了这样一则故事。

我的一位朋友搬了新居后，见崭新雪白的墙壁上空荡荡的，于是就买来笔墨纸砚，请我题几个字，好挂在墙壁上。

我便在朋友面前展纸、磨墨，写了四个字："常想一二"。朋友很不理解，问道："这是什么意思？"我解释说："俗话说'人生不如意事十常八九'，但扣除八九成的不如意，至少还有一二成是如意的、快乐的、欣慰的事情。我们如果想要过快乐的人生，就要常想那一二成好事，这样就会感到庆幸、懂得珍惜,不致被八九成的不如意所打倒了。"

那位朋友听了非常高兴,抱着"常想一二"回家了。

林清玄在文后写道:"'常想一二'的理念,乃是在重重乌云中,寻觅一丝黎明的曙光;乃是在滚滚红尘中,开启一些宁静的消息;乃是在濒临窒息时,有一次深长的呼吸。"

林清玄最后总结道:"生命已经够苦了,如果我们把几十年的不如意的事都背负起来,一定会使我们举步维艰。生活与感情陷入苦境,有时是无可奈何的,但是如果连思想和心情都陷入苦境,那就是自讨苦吃,苦上加苦了。"

"常想一二"虽不能帮助我们完全解决问题,但是却可以让我们拥有一个良好的心态,以及健康的身体,让我们以一个更为积极的态度来迎接苦难。正像林清玄所说的,"不致被八九成的不如意所打倒"。

世间事其实都在自己的一念之间,同一件事我们可以看作天堂,也可以视为地狱,这正是"常想一二"的意义所在。

6. 看透生死,悠然自得

季羡林说:"我不做长生的梦,我对老年甚至对人生的态度是道家的。"对于死亡,季羡林早有思考。他在《九十五岁初度》中写道,自己的高龄本就是"无意中得来的东西";面对死亡他会"一不饮恨,二不吞声。""只是顺其自然,随遇而发。"

143

季羡林虽长寿，却也并不希望自己能够长生不老。面对逐渐老迈的自己，他依然坦然接受。他说："专就北京大学而论，倚老卖老，我还没有资格。教授中若按年龄排队，我恐怕还要排到20多位以后。我幻想眼前有一个按年龄顺序排列的向八宝山进军的北大教授的队伍。我后面的人当然很多。但是向前看，我还算不上排头，心里颇得安慰，并不着急。……人过了80，金钱富贵等同浮云，要多为下一代操心，少考虑个人名利，写文章决不剽窃抄袭，欺世盗名。等到非走不行的时候，就顺其自然，坦然离去，无愧于个人良心，则吾愿足矣。"

季羡林在95岁高龄时写下了《95岁初度》，其中写道："……'人间正道是沧桑'。时光流逝，是万古不易之理。人类，以及一切生物，都是毫无办法的。夫'天地者，万物之逆旅；光阴者，百代之过客'。对于这种现象，最好是听之任之，用不着什么哀叹。"

黄霑曾经说过："用平常心来看无常的生死。"很多人在面对死亡时，心中会产生极大的恐惧，这是人之常情，毕竟对于死后的世界，我们一无所知。况且还要承受与亲人的离别，与人间生活的离别。虽然如此，但我们也不应该对死亡过分恐惧，整日忧心忡忡。因为生死本就无常，我们若每时每刻都为此焦虑，那岂不是要焦虑一辈子？

1942年，弘一法师圆寂之际，照顾他的人悲痛不已，不知道他会留下什么话，弘一法师强撑起身体，写下"悲欣交集"四个大字，不久便往生西方。这四个字的意思深不可测，不过似乎透露出弘一法师对生死的态度——生死如同呼吸一样普通平常。

死亡本是一种再平常不过的自然规律，没有谁能够逃脱。秦始皇求仙问药；嘉靖炼丹十数年，最后导致自己中毒而死，着实让人笑话。既然"躲不过"，那么就让我们用更好的心态来面对。

《庄子·养生主》里记载了这样一个故事。

老聃死了,他的故友秦失前去吊唁,只哭了几声便起身离开。老聃的弟子不解,问道:"您不是家师的朋友吗？"

秦失说:"是。"

弟子又问:"像这样为朋友吊唁,合乎礼仪吗？"

秦失说:"合乎礼仪。原来我以为你们这些弟子都是得老子之道的人,现在看来并非如此。刚才我入房吊唁,有老年人在哭他,如父母哭自己的孩子;有年轻人在哭他,如孩子哭自己的父母。他们之所以会聚在这里,一定有人说不想说的话,哭不想哭的事。如此喜生恶死是违反常理、背弃真情的。你的老师顺时而生,顺依而死,再正常不过了。安于天理,顺从自然,哀伤和欢乐便都不能进入心怀,古人称做自然的解脱。"

《庄子》中写道:"夫大块载我以形,劳我以生,佚我以老,息我以死。故善吾生者,乃所以善吾死也。"意思是说,天地养育我们,给我们生命,人生忙忙碌碌,等到老了就能安养,死后就能休息。因此,懂得生存的人也懂得死亡,而懂得死亡的人会更加珍惜生命。庄子妻死,庄子却鼓盆而歌,这正是一种看淡生死,从容离别的心态。

看淡生死的觉悟,不是说从此轻视生命,而是更重视生命。然而,有的人过分重视自己的生命,每天担心自己的身体状况,担心自己会不会出意外,最终却思久成疾。当我们将生命看得风轻云淡的时候,就会活得更加轻松自在。放慢生活的脚步,好好享受每一天的风景,这样不正是更重视自己的生命吗？

面对无常的生死,我们只有积极乐观,才能够更好地面对。把生死当成昼夜一样平常,从而更加珍惜生命,珍惜生活,即便死亡真的来临,我们也不会过分惧怕,这才是人生的大智慧、大觉悟。

第十课

容——容人就是容己

1. 对不同的声音,都要心生欢喜

1999年, 季羡林在一篇关于清官的文章中这样写道:"古人说:'兼听则明,偏信则暗。'请你们千万要警惕,不要刚愎自用,不要固执己见;请你们千万要'兼听',为了国家的利益,为了人民的利益。"

季羡林对有关他的批评、指责、建议、劝告,从来都是照单全收,并且会反思对方说的是否有道理,做到有则改之,无则加勉。

一位学者在报上撰文,指责季羡林"自封大师",通篇是刻薄之语。当时,季羡林正在北京某医院治病。看过这篇文章的医生、护士们都义愤填膺,纷纷为季羡林打抱不平,有人提出要找那位学者理论,甚至有人建议起诉对方。

季羡林先生对此却淡然处之。一天,他把李玉洁叫到身边,依旧满脸的平静。他说："人家说得对，我本来就不是什么大师，只不过我运气好，好事都往我这儿流。"他接着说："我就两条：爱国和勤奋。我总觉得自己不行，我是样样通，样样松。"他见夫人不高兴，就劝她要端正态度，并说："人家说得对的是鼓励，说得不对的是鞭策，都要感谢，都值得思考。即使胡说八道，对人也有好处。就怕一边倒的意见，人就晕了。"

《资治通鉴》记载，贞观二年，唐太宗问魏徵："人主何为而明，何为而暗？"魏征回答说："兼听则明，偏信则暗。"

汉代王符《潜夫论·明暗》中说："君之所以明者，兼听也；其所以暗者，偏信也。是故人君通必兼听，则圣日广矣；庸说偏信，则愚日甚矣。"人的五官很有意思，两只眼睛，两个耳朵，一张嘴巴。两只眼睛都朝着同一个方向，而两个耳朵却向着不同的方向。所以，有人得出这样的感悟：多看、兼听、慎说。

美国芝加哥大学校长罗勃初任校长之职时，流言从四面八方席卷而来。这位年仅30岁的年轻人，出身低微，阅历浅薄，顿时成为舆论的众矢之的。批评如落石般的打到他头，他没有灰心丧气，更没有恼羞成怒，而是认真收集那些批评他的语言，反省自己，并一心扑在芝加哥大学的管理工作上，终成该校历史上最著名的校长之一。

所谓"忠言逆耳利于行"，是说那些会刺痛我们神经的意见不一定就对我们不利。面对来自四面八方的意见，我们要时刻保持清醒的头脑，既不要因为言语激烈而怒火中烧，不听劝谏；也不要因为言语好听而飘飘欲仙，肆意而为。

很多成功人士都能听进去别人的不同意见，能做到从善如流。而有一些人容易陶醉在自己的成功之中，自以为是，听不进别人的不同意见，最后失去方向，一败涂地。

楚汉相争，刘邦大军攻入咸阳之后，看到皇宫里数不尽的财宝、酒肉、女色，不禁眼睛为之一亮。出身寒微的刘邦对这些东西也爱不释手，一连几天都留宿宫中。眼看刘邦就要为此沉沦，名将张良便出来阻止。他劝刘邦主动退出咸阳，将咸阳让给项羽。张良认为，项羽有几十万大军，而刘邦只有区区十万，如果刘邦此时称王，势必会惹得项羽来袭，到时候恐怕会全军覆没。只有向项羽示弱，才能赢得时间，壮大自己，"大丈夫不计一时之长短"。于是刘邦听从了张良的建议，撤出咸阳，逃脱了项羽的掌控。

而此时的项羽，可谓勇猛无比。他一举击垮秦朝军队，占领咸阳，自称西楚霸王。项羽的谋士"亚夫"范增看出刘邦野心未灭，劝项羽将其除去，以绝后患。然而项羽其志不坚，鸿门宴上最终让刘邦逃脱，气得范增大呼"竖子不足与谋"。

项羽大军入驻咸阳后，开始大肆抢夺。三个月后，项羽打算离开咸阳，回归故土。当时有人建议项羽定都咸阳，但是项羽说："富贵不归故乡，如衣绣夜行，谁知之者！"建议者说："人言楚人沐猴而冠耳，果然。"项羽听到后，立刻把那人杀了。

四年之后，刘邦卷土重来。出身世家，英雄盖世的项羽最终兵败垓下，自刎乌江。而出身地痞，不学无术的刘邦，却最终成就帝业，开创大汉天下。

古人云："闻过则喜。"闻过则喜，可成就一个人的事业。一个想取得成就的人，一定要学会多听别人的意见，而且必须是发自内心的愿意听，否则，每次在别人说出不同意见的时候给对方脸色看，时间久了，还有谁会再提意见！发现不了自己有过错的人，就会让自己的过错变得越来越严重。

2. 严于律己，宽以待人

季羡林在拒绝参加中国作家协会主席竞选的时候说："我是个教书匠，叫我教授，我理直气壮的接受，脸不会红；若叫我作家，我会脸红，因为作家是个神圣的称号，假若一定要把我拉进去，我也只是滥竽充数的'作家票友'。"

季羡林对于自己从来都是严格要求，不会因为自己有了些许成就便沾沾自喜。季羡林的严于律己是一贯的，从他读书的时候所作所为不难看到这一点。

季羡林读了一辈子书，一直是扎扎实实，从一点一滴做起，都是先认真积累资料，然后才在吃透资料的基础上，深入研究问题。因此，季羡林写出来的文章有见地、有说服力、有价值。季羡林认为，要在学术上有所成就，读书是必不可少的，而且要静下心来，老老实实地读书、思考，由不得半点虚假，尤其不能偷懒。

季羡林的律己还体现在他的日记和诸多文章上。关于自己做过的错事、笨事，他从来毫不忌讳，常常要不留情地批评自己。不过，季羡林虽然严格要求自己，但是对待别人却十分宽容，十分友善。无论是曾经打过他的"革命小将"，还是批评他作品的人，他都以一种朋友的心态来面对。

《尚书·商书·伊训》中记载，商汤的辅相伊尹对太甲说："与人不求备，检若不及，以至于有万帮。"他的意思是说，先王汤在与别人交往时，从不求全责备，但却能够始终约束自己，也总担心自己做得不够，做得不好，才终能成为一个拥有天下万民的天子。凡事严格要求自己的人，都不会以己之见强加于人，也不会以己之律强求于人，更不会以己之过

149

推诿于人。

孔子曾经说过："君子求诸己，小人求诸人。"也就是说君子对自己严格要求，小人对别人严格要求。人与人在各个方面的修养是不同的，成长环境造成的差异也是不同的，面对这种参差不齐的状况，我们不可能定下一个标准来要求所有的人怎么做，更不能固执按照自我修养的标准来要求旁人。跟人交往之时，常常是"你应该这样"、"你应该那样"，这样的话说多了，终会让人厌烦。

民国时期的传奇高僧弘一法师曾在多地弘法。1937年5月，弘一法师应邀到湛山寺讲律。刚到湛山寺不久，大众就要求他讲开示。弘一法师讲开示的题目是《律己》，意思是说，学律的人先要律己，而不是拿戒律去律人。他又说平常"息谤"之法，在于"无辩"，否则，越辩谤越深，倒不如不辩。

弘一法师平素持戒的原则，就是以律己为要。口里不臧否人物，不说人是非长短。就是他的学生做错了事，他也不说，唯一的方法就是"律己"——不吃饭，什么时候对方把错改正过来，他才吃饭。

严于律己才会有自知之明。每个人身上，总会有这样和那样的缺点。如果我们一味指责别人的缺点，而对自己的缺点浑然不觉，就会搞得人际关系紧张。宽以待人，才会有知人之智。

《后汉书·班超传》写道："水清无大鱼，察政不得下和。"班超曾在西域当官，后被召回，其接任者任尚请求班超临别赠言，班超说："塞外的吏士本来就不是孝子顺孙，蛮夷又都怀有鸟兽之心，不容易安抚，却极易挑起事端。而您的性格太过严厉急躁，容易出问题。水清了就没有大鱼，政务太苛察就不易让下面的人亲附，以至人事和谐，所以您应当将法度放松点、简易点，要宽容人家的小小过错，只要不出问题就算尽到职责了。"班超所言核心就是要宽以待人。

雍正皇帝在这一点上就做得非常好。

清代名臣李卫，在康熙五十六年时靠捐资入仕，成为兵部员外郎。李卫虽敢作敢当，很是正直，但却又生性骄纵，粗鲁无礼，尖酸刻薄，而且还有点贪财，时常会接受别人的馈赠。因此，很多人都不喜欢他，经常有人上书雍正皇帝告他的状。

每每此时，雍正皇帝都这样回答："李卫之粗率狂纵，人所共知者，何必介意。朕取其操守廉洁，勇敢任事，以挽回瞻顾因循，视国政如膜外之颓风耳。除此他无足称。"

宽以待人，就是不要求全责备，不要吹毛求疵。林肯起用格兰特为总司令时，有人说格兰特只会贪杯误事，林肯回答说："那我当以香槟相送"。林肯放手让格兰特充分施展其出色的才干，终换来了北军的胜利。

荀子说："故君子之度己则以绳，接人则用曳。度己以绳，故足以为天下法则矣。接人用曳，故能宽容，因求以成天下之大事矣。"意思是说，君子严于律己，就好像用绳墨量木材一样；而对待别人，则应该用引导的方法，就像用舟楫接引人上船一样。这样才能做到宽广包容，依靠众人成就天下之大事。

在日常生活和工作中，我们应该做到严于律己，宽以待人，多为别人着想，那么我们的人生将充满阳光。

3. 与其挑剔别人,不如充实自己

季羡林对日常饮食一向不挑剔,基本上是做什么吃什么,只是偶尔嘴馋了,才会提些要求,吃上一次他最爱吃的红烧肉,或是胡萝卜羊肉馅饺子。季羡林的不挑剔不仅表现在饮食上,在为人处世上他亦不挑剔,谁得罪他了,谁有些小毛病,等等,他都不会感到厌烦,只会在适当的时间,善意地提醒对方,绝不会以一种讨厌的语气挑剔对方。

季羡林回忆自己在清华大学读西洋文系的往事时,曾提到过一个德国女教授。这位女教授一大把年纪了,却终身未婚,季羡林叫她"老姑娘"。他说这个老姑娘有一个特点,那就是挑剔。

季羡林在文章中写道:"极简单的句子,翻来覆去地教,令人从内心深处厌恶。她脾气却极坏,又极怪,每堂课都在骂人。如果学生的卷子答得极其正确,让她无辫子可抓,她就越发生气,气得简直浑身发抖,面红耳赤,开口骂人,语无伦次。结果把80%的学生全骂走了,只剩下我们五六个不怕骂的学生。"

这位挑剔的女教授当时住在燕京大学附近的一个大院里,同另一个美国"老姑娘"相依为命。季羡林说,二人合伙吃饭,每人轮流管一个月的伙食。在这一个月中,不管伙食的那一位就百般挑剔,恶毒咒骂,到了下个月,人变换了位置,骂者与被骂者也颠倒了过来。可以想见,这个德国女教授的生活是多么的黯淡无光。

何为挑剔?挑剔就是一个人在细节上过分苛刻指责对方。在学术研究上，挑剔被认为是一件好事，但是在生活里，过于挑剔则会让人心生厌恶。一个爱挑剔的人就像是一个"毛病指责器"，能够把身边所有人的毛病都指出来，并让对方面红耳赤，无以应对。而他们往往也会因为如此，让自己变得"人至察则无徒"。

《左传》中说："宽以济猛，猛以济宽，宽猛相济。"意在告诉我们，用宽来辅助猛，用猛来佐助宽，宽猛相辅相成，对人对事不要过于苛责，要学会宽容。现在的社会，竞争激烈，工作节奏快，生存压力大，每个人都希望与同事、与客户、与相关人一见面就能和谐相处，彼此之间没有隔阂，没有成见，没有意气用事的地方，所有人都能置身于一个快乐和气的氛围当中。而这种境界的形成，需要每一个人从本身做起。

每个人都有着各自的优缺点，与其对对方的缺点百般挑剔，不如把时间省下来，多充实自己。挑剔对方一个小时，不如看10分钟的书为自己充电。因为挑剔的结果很可能是，对方认为你多管闲事，无事生非，气不打一处来；而你认为对方不识好歹，无肚量，不虚心，怒从心生。两人因此心存芥蒂，原本和谐的关系出现裂痕。

弘一法师曾讲："我曾经喜欢指责别人，有一天，我的大表哥对我说：'你先看看你自个儿。'从那以后我才醒悟。"当我们看到别人做得不好的地方时，我们要学会低下头看看自己有没有同样的不足，若没有，以后做事要多加注意；若有，则要及时地进行改正。这种方式不但能充实自己，而且也能达到修身的目的。

我们不能看到对方有了错误，就去挑剔对方，指责对方，正确的做法是要让这错误不在自己的身上出现。

春秋时期的管仲，少时贫贱，曾与好友鲍叔牙以经营小买卖为生。管仲出的本钱没有鲍叔牙的多，可是每到分红的时候，他在拿到了自己应得的那一份后，还要求再添点儿。鲍叔牙的手下骂管仲贪得无厌，鲍叔牙替他辩解说："他家里人口多，开销大，我自愿让给他。"后来行军打仗的时候，管仲带兵胆小怕事，遇到危险总是第一个逃跑，连他手下的士兵都多有不满。鲍叔牙站出来为管仲说话："管仲家有老母，他为了侍奉老母才自惜其身，并不是真的怕死。"

鲍叔牙对管仲百般袒护，是因为他知道管仲是个不可多得的人才，只是还没有机遇施展才华。管仲感叹道："生我者父母，知我者是鲍叔牙也！"就这样，他们成了莫逆之交。

后来，齐桓公在鲍叔牙的力荐之下，才没有报复管仲在他与公子纠争夺王位时射自己的那一箭，并且还让管仲做了齐国宰相，这才使得管仲的才能得以发挥，帮助齐桓公成为春秋五霸之首。

试想，若没有鲍叔牙的宽容以待，恐怕管仲也成不了千古名相。

在希腊神话里，普罗米修斯创造了人，又在他们每个人的脖子上挂了两只口袋，一只装别人的缺点，另一只装自己的缺点。人们总是把那只装着别人缺点的口袋挂在胸前，另一只则挂在背后。因此，他们总是能够很快地看见别人的缺点，而对自己的缺点视而不见。这是在告诫我们，做人不要只知道挑剔别人，更要学会审视自己。

孔子曰："三人行，必有我师焉，择其善者而从之，其不善者而改之。"我们要多学习别人的优点，对于别人的缺点，与其挑剔，不如引以为鉴提高自己，如此既不会让对方厌烦，又充实了自己，实在是一举两得的做人智慧。

4. 将心比心，推己及人

北宋宰相赵普曾以半部《论语》治天下，而季羡林却说："哪用得着半部，一句话其实就够了——'己所不欲，勿施于人'。"季羡林说："我们东方文化是有些好东西，如《论语》中的一句'己所不欲，勿施于人'，能做到这八个字，到共产主义也不过这个水平。"

所谓"己所不欲，勿施于人"说的是自己不喜欢或做不到的就不要强加于别人。要做到这一点，就要从自己的内心出发，推及他人，理解他人，对待他人。

三国时期，吕布起初同刘备很是要好，后来因为某些事情发生了矛盾。吕布让名士袁涣写信骂刘备，袁涣不屑于干这种差事，吕布在几次要求无果后，恼火起来，他把刀架在袁涣的脖子上威胁说，再不写就杀了你。

袁涣坦然地笑道："我只听说以德羞人的，没有听说以辱骂折磨人的。如果刘备是君子，就不会因为将军的辱骂而感到恼怒；如果他是小人，就一定会用同样的方法来回报你，那么辱骂就会落到你头上。而且，说不准哪一天我也会为刘备效力，就像今天给将军效力一样。假若我一离开将军，就来辱骂你，行不行呢？"

吕布听了这一番话后，把架在袁涣脖子上的刀放了下来。

《论语·颜渊篇》中讲到仲弓问仁。子曰："出门如见大宾，使民如承大祭。己所不欲，勿施于人。在邦无怨，在家无怨。"仲弓曰："雍虽不敏，请事

155

斯语矣！"其大意为，仲弓问孔子，如何处世才能合乎仁道？孔子回答道："一个人待人接物要严肃认真，自己不喜欢的事不要强加给别人，不论在朝在野都不要去发牢骚。"仲弓感谢道："我虽迟钝，但一定要牢记先生的话。"

南怀瑾先生在《论语别裁》中解释道："恕道就是推己及人，不要强迫别人去做自己不喜欢的事情，你要知道，自己不喜欢做的事情，别人也不喜欢。"

冯友兰在《中国哲学史》中对此阐释道："如何实行仁，在于推己及人。'己欲立而立人，己欲达而达人'。"也就是说，多为别人着想，多站在别人的角度看问题。用句俗语来说，就是"将心比心，推己及人"。

汉文帝刘恒一生严格要求自己，力行节俭，这才使得汉王朝在他的手里得以恢复元气。

刘恒在吕后执政期间，一直过着提心吊胆的生活，这种生活环境使得他养成了谨慎、宽和的性格。他在成长为人的23年里，一直过着节俭的生活，从来没有为自己的宫殿增加过任何物事。相反，一旦他发现自己的政策不利于百姓的时候，就会立刻改正过来。

有一次，他想建造一个露台，招来工匠核算之后发现，造一个露台需要100斤黄金。刘恒说："100斤黄金相当于中等人家十家的财产，我继承先帝的宫室，常常感到恐惧和惭愧，试想一下，百姓们顶着烈日为我造露台，换作是我也不会心甘情愿的啊，那我为什么还要修建露台呢？"就这样，他放弃了修建露台的计划。

在为自己修建陵墓的时候，刘恒命令不准使用金、银、铜、锡等贵重金属作为装饰品，只能用瓦器。并让工匠们顺山而建，不需要堆积高大的坟墓。临死之前，他还留下遗嘱说："当今之世，咸嘉生恶死，厚葬以破业，重服以伤生，吾甚不取。"并一再嘱托丧事从简，最终开创了"文景之治"。

"己所不欲,勿施于人"是儒家思想的精华,然而在现实中很多人不能恪守这一信条,一切以个人利益为中心,只顾及自身的感受,而忽略了他人的感受。当我们面对一件事的时候,要学会换位思考,多站在对方的角度上想一想,这件事情是否合乎对方的利益。特别是要求别人的时候,想想若是自己不喜欢的事情,别人也可能不喜欢,是否一定要强加于人呢?

5. 路留一步,味减三分

季羡林在自己的文章《自己的花是给别人看的》中提到了一件事情,就是他在德国留学期间,发现每个德国家庭都把花养在外面,季羡林感叹道:"这样养花是给别人看的。"季羡林在文中写道:"在屋子里的时候,自己的花是让别人看的;走在街上的时候,自己又看到别人的花。人人为我,我为人人。我觉得这是一种耐人寻味的境界。"

季羡林在自己的文章中提倡"人人为我,我为人人"。简单来说,即是"容忍"与"理解"。有了容忍,我们才会包容身边的人,才不至于起争执,才不至于产生误会;有了理解才会换位思考,才能懂得对方的心理感受与具体需求,才能尽可能地满足对方。这不正是"我为人人"的思想吗?

曾国藩曾给他的部下讲过这样一则故事。

一位老翁要在家里请客,于是吩咐他的儿子到集市上置办些菜肴。眼见中午将近,也不见儿子回来,老翁很是着急,就到家门外四处张望。只

157

见离家不远处,儿子正挑着菜担与一人在一条窄小的田埂上对峙,那人挑着货担,与儿子彼此相互瞪着,谁也不肯让对方先过。老翁赶忙走上前,语气委婉地说:"这个是我的儿子,我家中有客,急着用菜,你能不能往水田边稍避一步,待他过去,你也就能过去了,这样不就都方便了。"

那人自然很不服气,说道:"你叫我让一步,他为啥不让?"

老翁解释说:"他身子矮小,万一掉在水田里,恐怕担子会浸湿,坏了食物。你身子高大,即使掉在水田里也不会沾水。"

那人却说:"你担子里挑的不过是些蔬菜果品,即使湿了,还可食用。而我的担子里,都是些贵重货品,万一着了水,那损失就大了。"

老翁见状,急忙说:"不如这样吧,我老头下到水田里,你将货担交给我,我顶在头上,请你空身从我儿子身边走过,我再将担子奉还,你看行吗?"

说罢,老翁就俯身解鞋脱袜。那人非常感动,赶紧说:"既然你如此有诚意,还是我下了水,让你的儿子先过吧。"

《菜根谭》中写道:"滋味浓时,减三分让人食;路径窄处,留一步与人行。"这句话的意思是说,在道路狭窄时,要留一步让别人能走;在享受美餐时,要分一些给别人吃。这种"退步"与"分享",正是宽容与理解的体现。

古人说得好:"利不可赚尽,福不可享尽,势不可用尽。"做人做事都要留有余地,不要把事情做绝,某些时候就可以从容转身;不留余地,好比下一局僵棋,即使没有输,也无法再走下去了。

俗话说"做人留一线,日后好相见"。生活中,留三分余地给别人,其实就是留三分余地给自己。否则,我们在夺走对方的三分余地的同时,也就把自己逼到了没有退路的悬崖边上。

人生在世,许多时候要学会退让。纷繁复杂的社会,就如同烟波渺渺的大海,有时风平浪静,有时波涛汹涌,有的地方还隐藏着暗礁,当别人冒犯我们的时候,不妨退让一下,吃一点小亏。"让他三尺又何妨"?

西汉时期,有一位叫刘宽的人,为人宽厚仁慈。他在南阳当太守时,就算老百姓做错了事,他也只是让差役用蒲鞭责打,表示羞辱,此举深得人心。

刘宽的夫人为了试探他是否像人们说的那样仁厚,就让婢女在他和属下集体办公的时候捧出肉汤,装作不小心的样子,把肉汤打翻在他的身上。刘宽看着被肉汤浸湿的衣服不仅没有发脾气,反而主动问婢女:"肉汤有没有烫着你的手?"

还有一次,有个人认错了牛,硬说给刘宽驾车的牛是他家的。这事要是换了别人,就算不将那人抓到官府治罪,也要狠狠地训斥一番不可。可刘宽什么也没说,叫车夫把牛解下给那人,自己步行回家。

后来,那人找到自己的牛后,立刻把那头牛还给了刘宽,并且向他赔礼道歉。刘宽不但没有责怪那人,反而好言安慰了他。

由此可见,刘宽为人宽容的度量确实超乎一般人。

并不是一切情况下都是狭路相逢勇者胜。比如山边的小路,不能两人同时通过,如果两人互不相让,争先恐后,就有掉下山崖的危险。在这时如果自己让一步,让对方先过,不但对方安全,自己也安全了。所谓"路留一步,味减三分",就是要大家相互理解,相互谦让,多让一点方便与好处给别人,别人也会回馈给我们好处,这样不但能带来个人的身心愉快,还能带来和谐的人际关系。

第十一课

敬——厚德以载万物

1. 不自作聪明，也不把别人当傻瓜

季羡林在《傻瓜》一文中写道："天下有没有傻瓜？有的，但却不是被别人称作傻瓜的人，而是认为别人是傻瓜的人。这样的人往往才是天下最大的傻瓜。"他还说："不自作聪明，不把别人当傻瓜，从而自己也就不是傻瓜。不管是在哪一个时代，还是哪一个社会，只要能做到这一点，那么全社会就都是聪明人，都没有傻瓜，全社会也就会安定团结。"

季羡林在《自传》中写道："在长达60年的学习和科研中，不管好坏，鸳鸯我总算绣了一些。至于金针则确乎没有，至多是铜针、铁针而已。我的经验压缩成两个字，就是勤奋。再多说两句，就是争分夺秒，念念不忘。灵感这东西不能说没有，但是，它不是从天上掉下来的，而是勤奋出灵感……"

从德国回国之后，季羡林便得到陈寅恪的举荐，经胡适、傅斯年、汤用彤联合聘任，成为北京大学教授，兼任东语系主任。为什么季羡林留德10年未脱离大家的视野，还能够得到如此重用，这大概就源于他的那种刻苦精神。在那个大师辈出的时代，季羡林一直把自己的姿态放得很低，就算之后被封做"大师"，他也依旧把自己放得很低，从不认为自己有多聪明。

季羡林常说："一个人的成功等于天才加勤奋。"至于他自己，别人说他记忆力惊人，但他戏称："我属猪，我笨。"季羡林说自己笨，但是在德国留学期间，他却同时学习三门语言，极度刻苦。因此他一再对大家说，没有聪明人与傻瓜之分，只有刻苦与不刻苦之别。

俗话说"聪明反被聪明误"，《红楼梦》中的王熙凤是一个聪明反被聪明误的典型。在全面掌权两府之后，王熙凤开始春风得意起来，自认为荣、宁二府，上下皆已在自己的股掌之中，没有一个人能够反抗得了。王熙凤作恶多端，自以为自能够瞒天过海，殊不知自己最后正是被自己的聪明害死。正所谓"机关算尽太聪明，反误了卿卿性命"。

是傻瓜还是聪明人，其实很难分清楚。有的时候，我们看一个呆头呆脑，什么事情都做不好的人，便去嘲笑他，又怎么会想到，其实他是一个大智若愚的人呢？

美国著名电影《阿甘正传》，讲述的正是一个低智商者阿甘信守承诺不断成功的故事。在电影里，除了阿甘的妈妈以外，所有人都把阿甘当成傻瓜，但是阿甘不在乎，不管别人如何嘲笑他、利用他，他都尊重对方，把他们当作自己的朋友。阿甘在做任何事情的时候，都会尽自己最大的努力，他想到的不是最后能否成功，而是要信守承诺把事情做好。当然，他信守承诺把每件事情都做好了，因此他得到了最好的回报。

孙膑著名的"减灶计"就是利用了庞涓的狂妄自大,诱使庞涓中伏,打赢了马陵之战。庞涓在看到孙膑开火做饭的灶坑越来越少,并且还时不时出现几个逃兵后,便误以为孙膑带兵太差,军纪散乱,军队人员在不断减少,于是一味地追赶,最终在马陵被孙膑设下的伏兵所击,最后全军覆没。

不管做任何事情,我们都一定要脚踏实地,学会把自己放低,不要自作聪明。另外,与人交往之时,不要主观臆断对方,更不要私下里将对方定义为傻瓜、笨蛋。如果不懂得尊重他人,则永远不可能交到真心的朋友。

2. 一语为重百金轻

季羡林说话一向一诺千金,答应别人的事情必须要做到,即便是做不到,也要耐心地向对方解释原因,并且还要向对方说声抱歉。季羡林这样待人源于他年少时的一些经历。

季羡林在少年时期,因家境贫寒,无法供他读书,他便到济南投奔他的叔父,他一边在叔父的杂货店里打工,一边就读于山大附属中学。当时山大附属中学的校长王寿彭,是清末时期的一位状元,亦是民国时期的著名书法家,除了附属中学校长一职外,他还兼任山东省教育厅厅长,以及国大代表。季羡林的叔父曾经对季羡林说过,季家的全部家当都不及王校长写的一幅字值钱。

读了一年书后,季羡林突然对读书失去了兴趣,白天他依旧在叔父的店里打工,晚上却到大明湖畔听蛤蟆叫。王校长极为欣赏季羡林的才华,认为他很有潜力能够成才,当他看到季羡林失学后很是痛心。于是他找到季羡林,承诺道:"如果你能继续上学,并考到全班第一,我便为你写一副对联,题一把扇子。"

当时的季羡林对书法没有概念,只是觉得校长很重视自己,而且王校长的字很值钱,于是季羡林欣然同意复学,并且发奋读书,期末果然考了全班第一。

王校长简直比季羡林还要高兴,他为季羡林写了对联,还题了扇面,季羡林认为自己绝对不能辜负校长的期望,于是更加发愤读书。

《论语》有言:"人无信不立。"信用对于一个人来说极其重要,不守信用的人甚至可能无法立足于社会,这绝不是危言耸听。孔子说过:"人而无信,不知其可也。大车无輗,小车无軏,其何以行之哉?"意思是说,一个人没有信用,就像车没有轮子一样,还怎么行走呢?

信用对于一个人来说,就如同一张名片。不讲信用的次数多了,别人自然就会对你有所疏远,甚至不把你说的话当一回事,如此做人还有什么意义!

秦末汉初有"得黄金千两,不如得季布一诺"的说法,歌颂的就是季布为人重视承诺的做法。承诺有一种相互性,我们如果能把自己的承诺看得比金子还要重要,凡承诺必做到,别人也会把对我们的承诺看作比金子还重要。一个人如果把信守承诺作为自己的行为准则,那么他的人生就一定是成功的。

《战国策》中记载了这样一件事情。

东周战国时期,魏国的建立者魏文侯,可谓雄才大略。魏文侯在位时,礼贤下士，实行变法，称霸一方，其改革深有意义。

有一天，魏文侯与管理森林的一个小官约好了去打猎。那一天，魏文侯先是与文武百官在宫中开怀畅饮，没想到天不作美，突然间下起了大雨。酒喝到一半时，魏文侯便命人准备一下，他要去赴小官的约。左右官员们都说："您今天喝了酒，天又下雨，您还要去吗？"

魏文侯说："我与小官约好了去打猎啊，虽然现在跟你们喝酒很快乐，但是怎么能因此不去赴约呢？"

于是，魏文侯停止了宴席，一行人向山林前行。魏文侯如此重视承诺与信义，魏国不强大才怪呢。

《郁离子》中记载了一个因失信而丧生的故事。

济阳有个商人，在过河时船突然沉了，他对附近的一个船夫说："你若救我，我就给你一百金。"待那人将商人救上岸后，他却翻脸不认账，只给了渔夫十两金子。渔夫责怪商人不守信用，出尔反尔。商人却说："你一个打鱼的，一生都挣不了几个钱，突然得了十两金子还不满足吗？"

然而世事无常，不久之后，商人又一次在此地遭遇翻船。有人欲救，那个渔夫说："他就是那个说话不算数的人！"于是，商人就这样被淹死了。

一个人想要得到别人的尊敬，就必须做到言出必行，说话算话，先做到不失信于人，才能得到人不失信于己。以信为重，说过的每一句话都能做到，便有了一种可以信赖的品质，自然能得到别人的尊敬与重视，亦能获得别人的友情。

3. 敬人者人恒敬之

　　季羡林德高望重，又是学术界的重要人物，因此常常会有人上门拜访他，但季羡林从不倚老卖老，无论对方是五岁孩童，还是毫无名气的老百姓，他都极为尊敬。每有客人前来拜访，他都早早地穿戴整齐，端坐在书案前，昂首挺胸，下巴微微内收。在季羡林看来，挺胸端坐是对客人的一种尊重。在客人离开时，他一定会将客人送出门外，道声"再见"。晚年季羡林因病重一直卧床，每当前来探望的客人离去时他都用双目相送，一直到客人消失在视野外才收回目光。

　　1995年的一天，白岩松为季羡林做"学者访谈录"。当时，季羡林坐着，在白岩松掏名片准备递给他的一刹那，他突然站起来身来，微微弯着腰，伸出双手准备接名片，此举令在场的所有人肃然起敬。

　　被称为"战国四君子"之一的魏公子无忌，极为礼贤下士，无论对方是否才高八斗，他都以礼相待，从来不会因为自己身份高贵而怠慢士人，因而美名远扬。

　　魏国有个70多岁的隐士，名叫侯嬴，家境贫苦，在魏都大梁看守城门。魏公子听说后前去问候，并赠送他丰厚的礼物。魏公子摆设酒席，大宴宾客，客人坐定之后，魏公子带着礼物，空着车子上象征尊贵的左边的座位，亲自去城东门迎接侯嬴。

　　侯嬴上车随魏公子而去，行至半路，他对魏公子说："我有个朋友，在街上屠宰坊里杀猪，希望委屈您的车马，让我去拜访他。"魏公子便驾着车子来到市场，侯嬴下车去会见他的朋友。侯嬴表面上与朋友交谈甚欢，实则暗中观察魏公子的表情,岂料魏公子从始至终脸色温和,毫无愠色。市场上很多人看到这一幕,纷纷在暗地里骂侯嬴做事过分。

随后,魏公子将侯嬴带到宴会之上,并隆重地向众人介绍他,只见底下的贵族们面面相觑,谁也不知道此人何者。魏公子叫众人给侯嬴敬酒,侯嬴感动道:"我不过是一个看守城门的小人物,而公子却带着随从车马,亲自迎接我到大庭广众之下,我侯嬴没有什么才能,就让我为公子做最后一点贡献吧。"

从此以后,侯嬴成了魏公子的座上宾,并为魏公子的事业作出了巨大贡献。

"爱人者人恒爱之,敬人者人恒敬之"是孟子的名言,这其中的"敬"就是尊重的意思。渴望得到尊重是人的本能,也是人的愿望,而获得尊重的前提,是你要先尊重别人。

《圣经》上有这么一句话:"爱你们的仇敌,善待恨你们的人。诅咒你的人,要为他祝福;凌辱你的人,要为他祷告。"这段话的意思是要我们学会尊重不喜欢的人。有人也许会问:"那些好人、喜欢我们的人,我们自然要尊重,可为什么还要尊重那些不喜欢我们的人呢?"把人分成"喜欢"与"不喜欢",本身就是一种不成熟。每个人都有优缺点,可能某人的缺点让我们很厌烦,但是绝不能因此就否定他的优点,客观公正对待他,尊重他,即便以后他不能成为朋友,也不会变成敌人。

尊重他人是一种在人格上平等待人的品质。在这个世界上,人没有高低贵贱之分,都同样值得我们尊重,切忌用有色眼镜看人,否则你将没有真朋友。

战国时期,齐国有位名叫夷射的大臣,经常为齐王出谋划策,被齐王视为近臣。

　　有一次，齐王设宴请他喝酒，他因为不胜酒力，便到宫门后吹吹风。守门人是个曾经坐过牢的人，他想向夷射讨杯酒喝。哪知夷射对他甚是鄙视，甚至还大声斥责他，说他不过是个囚犯，不配向他讨酒喝，让他滚到一边去！守门人刚想为自己辩解，夷射却已扬长而去。从此，这位守门人便对夷射怀恨在心。

　　巧的是，不久后天降大雨，宫门前刚好积了一摊水，形状似人的便溺之物，守门人由此萌生报复之心。

　　次日清晨，齐王出门的时候，正巧看见门前的那摊不雅之物。齐王心生不悦，急忙问守门人是谁如此放肆，竟在宫门前便溺。守门人故作惶恐道："我不是很清楚，但昨天晚上，我看到大臣夷射曾经站在这里一段时间。"

　　齐王闻知甚为愤怒，便以欺君之罪将夷射赐死。

　　尊重是一门学问，是一门艺术，是人与人相处时以心换心的手段。在生活里，对每个人都保持尊重是一个最基本的礼貌。与人交往首先要讲究尊重他人，有了这一条件为基础，双方才能更好地交往下去。尊重他人其实是一种对待生活的态度。因为，尊重别人，就是尊重自己。

　　人有贫富之分、美丑之分，但是不管美与丑，都值得我们尊重。学会尊重，无异于学会了一条重要的生存之道。三国时期的祢衡为什么走到哪里都被人厌烦，甚至在忍无可忍之下杀掉他，原因就在于他口上无德，四处骂人，贬低了每一个人。如此不尊重人，招致杀身之祸其实在所难免。

4. 对己节俭, 对人慷慨

2008年, 为庆祝北大成立110周年, 季羡林将积攒数年的百万元稿费捐赠予北大, 设立"北京大学季羡林奖助学金", 用以奖励取得优秀成绩的学生, 帮助贫困的学生顺利完成学业。此举让人惊叹不已, 从来节俭至极的季羡林, 对待别人时居然能如此慷慨, 实在让人刮目相看。

季羡林从小就是一个穷娃, 所以节俭这种品格在他身上保存了一辈子。赚了稿费, 就上街买点烤红薯吃, 那洗的发白的中山装已经不知道穿了多少年, 从他的身上看不出半点富贵相。他的儿子季承说: "爸爸容不得丝毫浪费, 房间里亮着电灯, 只要没人看书, 他就把它关掉, 在自来水前洗东西, 时间一长, 他就要呵斥, 所以后来我和姐姐在帮他洗衣服、被褥时, 就干脆拿回自己的住处洗, 洗好了再带来。"

与之形成鲜明对比的是, 季羡林对别人极为慷慨, 特别是对那些经济困难者, 不管认识的不认识的, 只要求到他, 他必然出手帮助。

季羡林的学生钱文忠回忆说: "至今为止, 北大接受的最大一笔捐赠来自季羡林先生。""解放后的季羡林是一级教授, 工资、各项补贴加稿费, 每月收入约有千元, 他用来买了很多古字画。后来, 他把自己的收藏全部捐赠给了北大。"钱文忠继续说道, "仅仅古字画就有462幅, 包括苏东坡的《御书颂》, 董其昌、仇英、祝枝山的画都在10幅以上, 此外还包括大量古砚、寿山石田黄、田白、善本、自己所用的家具、毕生积蓄的稿费, 甚至, 他连自己的图章也捐掉了。"

著名学者周国平曾说："对己节俭、对人吝啬的人是守财奴；对己挥霍、对人吝啬的人是利己主义者；对己挥霍、对人慷慨的人是豪侠；对己节俭、对人慷慨的人是圣徒。"

节俭是一种"克己"的思想，俗话说："由俭入奢易，由奢入俭难。"有太多的人在经过艰苦奋斗之后变得富有，于是就开始了享乐主义，买奢侈品、购豪车、置房产，然而这种习惯一旦沾染便很难改掉，一旦奢侈惯了就容易变得越来越奢侈，钱再多也不够用。因此，无论何时都保持节俭是聪明人的做法。从季羡林的品行我们不难断定，尽管他一直穿着多年前的中山装，对于他的学术研究不会有丝毫的影响；倘若让他穿上名贵的西装，他的学术研究也不会因此而提高。因为季羡林一生淡泊名利、崇尚节俭，在他眼中金钱为无物，名利为负累。

而对人慷慨却是一种"兼爱"的思想。节俭的人有很多，然而大部分人是对己节俭，对人也节俭，如葛朗台，他甚至连自己的女儿都要剥削。这不是节俭，这是吝啬。

《儒林外史》中有一个经典的人物叫严监生，在他病危之时，亲戚们都来探望，而他却已经病得话都说不出来了。到了晚上，严监生才缓过一口气来，他把手从被子里伸出来，竖着两根指头。大侄子上前问道："二叔，你莫不是还有两个亲人不曾见面？"

严监生把头摇了两下，表示不是。紧接着二侄子走上前来问道："二叔，莫不是还有两笔银子藏了起来，不曾吩咐明白？"

严监生把两眼睁得大大的，把头又狠狠地摇了几下，越发指得紧了。

此时，奶妈插嘴道："想来老爷是因两位舅爷不在跟前，可能是在挂念。"

严监生听了这话，还是闭着眼摇头，那两根手指依然竖着不动。只见赵氏慌忙揩干眼泪，上前道："爷，别人说的都不相干，只有我晓得你的意思！你是因为那盏灯里点了两茎灯草，不放心，恐费了油。我如今挑掉一茎就是了。"

说罢，她忙走去挑掉一茎。这时，众人再转头看严监生，只见他微微点一点头，放心地走了。

《水浒传》里的宋江起初只是一个小吏，赚钱不多，但是为人极为慷慨，时常仗义疏财，不管谁来找他帮忙，他都极力为之。也由此得了"山东呼保义""及时雨"等绰号，这绰号是江湖众人口耳相传得来的尊称，宋江也因为这个名声交了众多的朋友。

我们要分清楚"节俭"与"吝啬"的分别，该慷慨的时候一定不能吝惜钱财，不能为了一点点钱财而拒绝一个朋友。但是在慷慨之余还要记得，别把自己也"慷慨了"。

5. 君子之道在于礼

季羡林在《谈礼貌》一文中这样写道："如果一个人孤身住在深山老林中，你愿意怎样都行。可我们是处在社会中，这就要讲究点人际关系。人必自爱而后人爱之。没有礼貌是目中无人的一种表现，是自私自利的一种表现，如果这样的人多了，必然产生与社会不协调的后果，千万不要认为这是个人小事而掉以轻心。"

有一年，余秋雨和季羡林相约一起吃饭，到了快要开饭的时候，季羡林说要换件正式点的衣服，他身旁的秘书告诉他说："余秋雨是您学生辈的，不用这么礼貌。"可季羡林还是坚持要换衣服。在季羡林看来，这不过是一个礼貌的小问题，然而余秋雨却将此深深地记在心里，并多次提到这件事，他一直很敬佩季美林的礼貌。

季美林非常推崇一句话："富者有礼高质，贫者有礼免辱，父子有礼慈孝，兄弟有礼和睦，夫妻有礼情长，朋友有礼义笃，社会有礼祥和。"

宋代学者杨时和游酢结伴到嵩阳书院拜见程颐，正遇上老先生闭目养神，躺着休息。其实程颐并没有睡着，他明知门外来了两位客人，却依然不言不动，不予理睬。杨、游二人怕打扰先生休息，只好恭恭敬敬，肃然待立，一声不吭等候他醒来。当时外面正下着大雪，二人站在门口也不进屋，等了好半天，程颐才出声让二人进来。两个人浑身都沾满了雪。这就是"程门立雪"这一典故的由来。

"程门立雪"说的是尊师重道，这正是一种"礼"的体现。子曰："不知礼，无以立。"中国自古以来就是"礼仪之邦"，这个"礼"字万万不能丢。有些人认为这些"繁文缛节"早就过时了，其实不然，"待人以礼"永远不会过时，而且在任何时代都有其意义。

王国维有一篇著名的文章叫做《殷周制度论》，他在其中论述了从商朝到周朝制度上面的巨大变革，而这一变革正是周朝建立了"礼乐制度"，包括祭祀、典礼、君臣之分，等等。他说周天子不是一个国家统帅，而是一个国家的道德标准，正是他自上而下的一整套完备的礼乐制度，才让周朝得以绵延800年。

而清朝出现的著名儿童启蒙读物《弟子规》，采用的便是《论语》"学而篇"第六条的文义，列述弟子在家、出外、待人、接物与学习上应该恪守的礼仪规范，以此作为儿童启蒙读物，可见"礼"的重要性。

"君子有情，止乎于礼。不止于礼，止乎于心"。意思是说，君子有了情感，还要有行动上的礼貌，礼貌还不够的话，就要用心去表达这份礼貌。

孔子一生曾多次向老子问礼。第一次是在孔子17岁时,即鲁昭公七年(公元前535年),地点是在鲁国的巷党。《水经注·渭水注》有记载:"孔子年十七问礼于老子。"而《礼记·曾子问》也曾四次记载孔子向老子求学问礼,其中载:"孔子曰:'昔者吾从聃助葬于巷党,反土恒,日有食之'"。

第二次是在春秋昭公二十四年(公元前518年),地点在周都洛邑(今洛阳)。《史记·老子韩非列传》有记载。其大意为:老子说:"你所说的礼,倡导它的人和骨头都已经腐烂了,只有他的言论还在。况且君子时运来了,就驾着车出去做官;生不逢时,就像蓬草一样随风飘转。我听说,善于经商的人会把货物隐藏起来,就好像什么东西也没有一样;具有高尚的品德的君子,其容貌谦虚得像个愚钝的人。抛弃您的骄气和过多的欲望,抛弃您做作的情态神色和过大的志向,这些对于您自身都是没有好处的。我能告诉您的,也就这些了。"

孔子对老子有很高的评价,他说:"鸟,我知道它能飞;鱼,我知道它能游;兽,我知道它能走。飞的我可以射,走的我可以网,游的我可以钓。但是龙,我不知该怎么办啊!学识渊深莫测,志趣高妙难知;如蛇般屈伸,如龙般变化,老子就是如此啊!"

如同孔子对"仁"的态度一样,孔子也十分重视"礼"。孔子的"礼"与"仁"的学说,共同构成了其人道思想的两条主要脉络。孔子说:"礼之用,和为贵,先王之道。"孔子认为,"礼"是"和"的根本,每个人若能都相互以礼,就一定能达到和谐的社会。

礼是尊敬的一种延伸,是一种通过方方面面的行为语言来表达对对方的尊敬。我们可以把礼理解成日常生活要礼貌,但是礼绝对不是仅仅只有这一层意思。礼不只是外在的规范,它还体现着一种悠久的文化精神,是一种做人的品质,任何人都能通过它达到对人尊敬、为人着想的境界,这也正是儒家强调礼的意义所在。

第十二课

勤——人生之路没有捷径

1. 业精于勤，荒于嬉

季羡林从不认为自己有任何过人的才华，他将自己的成就归功于勤奋，唯此而已。季羡林说："我已经一把年纪了，但我既不伤春，也不悲秋；既无老之可叹，也无贫可嗟。生当盛世，唯一的希望就是多活许多年，多做许多事情。"

季羡林好像一只陀螺一样，永远不嫌累，总是忙个不停。而季羡林却表示，谁都会累，只不过是不能停。

季羡林这样说道："我记得，鲁迅先生在一篇文章中讲了一个笑话。一个江湖郎中在市集上大声吆喝，叫卖治臭虫的妙方。有人出钱买了这个妙方，只见妙方被纸一层一层严密地裹住。打开一看，妙方只有两个字：

勤捷。你说它不对吗？不，它是完全对的。但是它说了却又等于没说。我的经验同这妙方一样，压缩成两个字：勤奋。再多说两句就是：争分夺秒，念念不忘。灵感这东西不能说没有，但它一定不是天上掉下来的，而是勤奋出灵感。"

季羡林每天凌晨四点起床，几十年如一日，风雨无阻。然而他起床后不是打太极拳或者遛弯儿，而是坐下来读书。一定有人奇怪，季羡林身为国学大师，看了一辈子的书，怎么到了晚年还要看？季羡林的回答是："一定要看。"

季羡林把勤奋占成功的比例定义为七八十分。他曾经说："我认为，这个百分比应该纠正一下。七八十分的勤奋，二三十分的才能，我觉得更符合实际一点。我丝毫也没有贬低勤奋的意思。无论干哪一行的，没有勤奋，一事无成。我只是感到，如果没有才能而只靠勤奋，一个人发展的极限是有限度的。"

季羡林在《成功》一文中总结道："如果不勤奋，天资再高也毫无用处。"

史书记载孔子晚年读《易》，"韦编三绝"。以孔子的学问还要把《易》翻来覆去地看，以至于穿书的绳子都断了三次，我们又有什么理由不勤奋刻苦呢？

韩愈的《劝学解》开头的两句话是："业精于勤，荒于嬉；行成于思，毁于随。"除此之外，韩愈还在此文中说道："焚膏油以继晷，恒兀兀以穷年。"意思是说，太阳下去了，就燃起油灯，一年到头，永远在那里孜孜不倦地研究。即便才能出众如韩愈，也多次强调"勤奋"的重要性。

我国数学家华罗庚曾说过："勤能补拙是良训，一分辛劳一分财。"古有"囊萤映雪""悬梁刺股""凿壁偷光"等故事，它们之所以能流传千年，其原因在于人们希望由此达到劝谏他人勤奋读书的目的。而这几位主人公日后之所以成就伟大,与他们勤奋读书有很大的关系。

郭沫若曾说过:"什么是天才! 我想,天才就是勤奋的结果。"有人说"世界上能登上金字塔的生物只有两种,一种是鹰,一种是蜗牛"。不管是天资奇佳的鹰,还是资质平庸的蜗牛,能登上塔尖极目四望,都离不开两个字:勤奋。虽然勤奋不等于成功,但成功必须勤奋。勤奋是成功的起点,它能使人脱颖而出;勤奋又是成功的阶梯,它能使人卓越非凡。

南北朝时期的刘勰出生于一个穷人家庭,父母早逝,他在很小的时候就成孤儿,只好在一座寺庙里跟和尚住在一起。有一天深夜,空灵的寺庙的大雄宝殿里传出一些声音,有一个小和尚便起身仔细听,当时夜深人静,小和尚越听心理越害怕,因为那声音规律而有节奏,呜呜咽咽,如泣如诉。

小和尚赶紧叫醒自己的师兄师弟,并把事情报告给了方丈,方丈听后也很吃惊,于是带着众人,提着灯笼直奔大雄宝殿,想要看个究竟。

到了殿里, 众人才发现, 原来是刘勰在佛像旁边借着不灭的佛灯读书! 方丈感叹一声,从此便多给刘勰找书看,尽可能地帮助他学习。

经过勤奋刻苦的学习,刘勰成为一代文学理论家、文学批评家,其著作《文心雕龙》影响极大,奠定了他在中国文学史上和文学批评史上的地位。

美国著名作家海明威在写作的时候会给自己规定每天的字数,并且一定要写完,为了避免自己分神,他常常一只脚站立着写作,最终他获得了诺贝尔文学奖。中国西汉时期的董仲舒专心攻读,孜孜不倦,他的书房后虽然有一个花园,而他却三年都没有进园观赏一眼,他如此专心致志地钻研学问,终成为西汉著名的思想家。

勤奋是一辈子的事情,不能勤奋一段时间后,觉得自己差不多了,就松懈下来,韩愈说"业精于勤",同时也说"毁于随"。勤奋需要坚持不懈的恒心,同时需要持之以恒的毅力,如此才能不至于使自己之前的努力功亏一篑。

2. 幼时定基,少时勤学

1917年初,季羡林的父亲带着他来到了济南的叔叔家,之后叔叔便把他送进私塾,开始学习《百家姓》《千字文》《三字经》等书。一年以后,叔叔又把他送入了新式小学,也就是济南第一师范附小。五四运动爆发后,学校中的文言文教学多改成了白话文教学,其教科书也有所变化,他们所学的文章里的骆驼会说话,这让叔叔大为恼火,却也无可奈何。正是由于有了这两种底子,季羡林才会既对古文感兴趣,又对西方文学感兴趣。

季羡林很小的时候就开始接受新式教育,思想颇为先进,他会主动利用业余时间自学英语,因为当时正规的小学不开设英语课。

俗话说:"命运只垂青有准备的人。"正是季羡林坚持勤奋自学的英语知识,让他在报考中学时占了很大便宜,被正谊中学录取。

在正谊中学,季羡林除了上好学校安排的课程外,还会参加课外补习班,阅读大量的旧式小说,如《三国演义》《西游记》《封神演义》《济公传》《三侠五义》《西厢记》《金瓶梅》等,几乎算得上是无不阅读。

后来到了山东大学附属高中读书时,季羡林便对古文产生了极大的兴趣。他开始认真钻研《韩昌黎集》《柳宗元集》以及欧阳修、三苏等的文集，同时又开始学习另一门外语——德语，而对于之前苦心钻研的中国旧籍，他也没有放下。

年少时打下的丰厚基础，让季羡林在考大学的时候，同时被北京大学和清华大学两所高校录取，但他却缘定清华西洋系，主攻德文，并利用课余时间继续写作散文。在这里，他旁听了陈寅恪的"佛经翻译文学"，选修了朱光潜的"文艺心理学"，还听过朱自清、俞平伯、郑振铎等人的课，并结识了沈从文先生和老舍先生。那段经历可谓让季羡林一生受益匪浅。

"幼时定基，年少勤学"语出《菜根谭》，"子弟者大人之胚胎，秀才者士大夫之胚胎。此时若火力不利，陶铸不纯，他日涉世立朝，终难成个令器"。意思是说，年轻人是成年人的雏形，读书人是做官人的雏形。这个时候如果锻炼功力不够，培育造就得不够纯洁精练，将来若涉历世事、立足朝廷，很难成为一个优秀的人才。

用句通俗的话来讲，就是"教育要从娃娃抓起"。就像制作一个瓷器一样，首先要用泥土做成一个胚体，因为一个瓷器最终的形状就取决于这个胚体。胚体做好后，经过种种加工、烧制，才能最终变成一个精美的瓷器。

一个人想要日后成才，小时候的基础极为重要，这个阶段可以养成一个人用之一生的学习习惯和知识积累。若是养成了好的学习习惯，对将来会有很大帮助；若是养成不好的习惯，恐怕将来想改也难了。

唐代大书法家颜真卿在《劝学》中写道："三更灯火五更鸡，正是男儿读书时。黑发不知勤学早，白首方悔读书迟。"有多少人在年少的时候不读书，到了白发苍苍时才发现，读书已是一件异常吃力的事情。怪不得岳飞要感叹："莫等闲，白了少年头，空悲切。"

年轻人爱玩可以理解，但要学会劳逸结合，千万不能荒废时光。因为青少年时期是一个人思想最活跃，经历最旺盛，记忆力也最好的时期，更是一个人思想形成的最佳时期。

西晋有位著名的文学家叫左思,在左思小的时候,他的父亲就一直看不起他。父亲左雍是御史,他见儿子身材矮小,貌不惊人,说话结巴,常常是一副痴痴呆呆的样子,因而经常对外人说,他后悔生了这个儿子。左思的父亲请人教他书法、弹琴,可他的成绩一直都不太好。及至左思成年,父亲还对朋友们说:"左思虽然成年了,可是他掌握的知识和道理,还不如我小时候呢。"

左思不甘心受到这种鄙视,开始发愤学习。他当时非常喜欢东汉班固写的《两都赋》和张衡写的《西京赋》,不过他虽然对文中宏大气魄的场景、华丽的文辞很是佩服,却也看出了其中虚而不实、大而无当的弊病。

左思决心依据事实和历史的发展,写一篇《三都赋》,把三国时魏都邺城、蜀都成都、吴都南京写入赋中。为写《三都赋》,为保证自己笔笔有着落、有根据,左思开始收集大量的历史、地理、物产、风俗人情的资料,书、资料几乎堆满了他的屋子。资料收集好后,左思闭门谢客,开始苦写。虽然有满屋子的资料做参考,但左思依旧冥思苦想,常常是好久才推敲出一个满意的句子。整整10年,这篇凝结着左思甘苦心血的《三都赋》才终于完成。

左思的《三都赋》面世后,洛阳的权贵之家争相传抄,一时间竟使得纸价上扬,为此而贵。这才有了著名的"洛阳纸贵"的典故。

我国古代特别重视幼教蒙训,因此给孩童看的启蒙读物很多,如《千字文》《百家姓》《弟子规》《三字经》等,这些书以教孩童修身为主,尤其是古代的私塾老师,常常要拿着戒尺看着孩子们背书,并且要求不能弯腰读书、不能伏案读书,等等。这样做,既能启蒙孩子,又能让孩子打好基础,以备日后考取好的功名。

有言道:"书山有路勤为径,学海无涯苦作舟。"想要打好基础,就要在青年时期勤学苦练。年少光阴不可荒废,唯有勤奋才能让一个人走到书山的最顶端。

3. 学海无涯,学无止境

季羡林曾说:"天下第一好事是读书。"他这样写道:"人类向前发展,有如接力赛跑,第一代人跑第一棒;第二代人接过棒来,跑第二棒,以至第三棒、第四棒,永远跑下去,永无穷尽,这样智慧的传承也永无穷尽。这样的传承靠的主要就是书,书是事关人类智慧传承的大事,这样一来,读书不是'天下第一好事'又是什么呢?"

1983年,70多岁的季羡林从一本《弥勒会见记》残卷开始,一个人用了10年的时间完成了世界上规模最大的吐火罗文研究,以中、英文写成专著,把世界吐火罗文的研究提高了一个台阶。

20世纪90年代,季羡林已经80多岁了,他的婶母、女儿、夫人、女婿相继离开了他。他因此变得更加沉默,几乎把所有的时间都投入到了《中国蔗糖史》的研究和写作上。这是寂寞的10年,季羡林说:"在80岁到90岁这个10年内……颇有一些情节值得回忆,值得玩味。在长达两年的时间内,我每天跑一趟大图书馆,风雨无阻,寒暑无碍……我心中想到的只是大图书馆中的盈室满架的图书,鼻子里闻到的只有那里的书香。"

及至21世纪,季美林依旧要读书,并在病中写下了《病榻杂记》等著作,他用一生的行动表明,人应该活到老,学到老。

清朝刘开的《问说》有这样一句话:"理无专在,而学无止境也,然则问可少耶?"意思是说,真理并不是只在某个人手里存在着的,学习是没有止境的,怎么能问的少呢?知识是永远也学不完的,可能有人因此产生这样的想法:既然知识学不完,干脆就不要学了。这其实是对"学海无涯"的误解,虽然知识永远也学不完,但是我们也不应该因此停下追求知识的脚步。要知道,人类的大脑对知识的储存量深不可测,而知识的积累和储存需要不断地学习、不断地更新。

古希腊哲学家芝诺曾经画了一个圆,他说:"圆里面是我掌握的知识,圆外面是未知的知识,这个圆越大,我不知道的就越多。"西汉学者韩婴也说:"学而不已,阖棺乃止。"意思是说,学习只有当自己进了棺材后才可以停止。换个通俗易懂的话就是"活到老,学到老"。

荀子在《劝学》中说道:"学不可以已。"苏轼年少时天资聪颖,博通经史,他于门前手书一联:"识遍天下字;读尽人间书。"某天,一位鹤发童颜的老者专程来向苏轼求教,请苏轼认一认他带来的书。苏轼接过一看,心中顿时发怔,书上的字他一个也不认识,甚是羞愧。他连连向老者道歉,并跑至门前,在原来的对联上各添两字,变成了:"发愤识遍天下字;立志读尽人间书。"

古时候有个叫薛谭的人,他非常喜欢唱歌,于是就拜了当时唱歌非常好的秦青为师。秦青很耐心地教薛谭,告诉他应该怎样练声,怎样唱出节拍,怎样在唱歌时投入情感。薛谭学了一段时间后,歌唱得确实比之前好听多了,他自以为自己已经学有所成,可以出师了,便向秦青提出要告辞回家,殊不知,他所学到的不过都是些皮毛而已。

秦青得知薛谭不打算继续学习了,并没有加以劝阻。就在薛谭临行的那天,秦青在郊外的大路旁摆设了酒席为他送行。当饮完临别酒后,秦青提出临别时再唱一首歌,于是薛谭打着节拍,秦青唱着送别的歌曲。秦青的歌声慷慨悲壮,在树林中萦绕,树木都仿佛被这抑扬动听、悲壮激昂的歌声震动了,仿佛所有的一切都在听他唱歌。

听到秦青如此高超的唱歌技巧,薛谭内心感到非常惭愧,他这才意识到自己的歌远不及老师唱得好听,自己的学习之路其实才刚刚开始。于是薛谭忙向秦青道歉,请求回到老师身边继续学习深造。

从此以后,薛谭再也不敢提回家的事了。

梁实秋在《学问与趣味》中说道:"学无止境,一生的时间都嫌太短。"很多位大作家、大文豪、大学问家,都曾在晚年发出了"学无止境"的感叹。这些大学问家无不是读了一辈子书的,他们读了大量的古籍孤书,却仍旧要继续学习下去。因为他们深知,是不断的学习成就了他们渊博的知识,使他们走上了巅峰。他们都能如此,我们普通人更应该这样。坚持学习,让自己在学习中成长。

4. "只要有一口气,就得干活"

如果你要问季羡林最怕什么,他最怕的应该就是自己无所事事,什么都不能干了。季羡林曾说过:"一寸光阴不可轻。"年老、生病等对于他来说都不是问题,只要他还能动,他就不会让自己的脑筋停止思考,或者写作,否则,他会比打针、吃药还要难受。

2000年以后,季羡林就开始频繁住院,甚至可以说是与医院为伍。有一次,他的腿部做了手术,很是疼痛,大家都很心疼他,可是他却完全不把自己当成重病号。

季羡林在医院里一直强调:"只要有一口气,就得干活。"他从入院第一天起,就把办公室搬到了医院。每天上午,医院的日志上写的是治疗时间,而季羡林却不愿意放弃这美好的早晨。凡输液,必伸左手,留下右手写东西。也不在乎写多少,哪怕只是一点点也好,就这样一点一点地写出了《病榻杂记》。

到了下午,又是雷打不动的读书读报时间。为了保护眼睛,季羡林不能看电视,所以他就特别重视读报。他很享受这个时刻,有时候,秘书李玉洁怕他累着,故意丢下这张,或是忘记那张,季羡林的心里永远跟明镜似的,也不动声色,一份读完了,他就轻轻地说:"还有呢。"

正是凭着这股精神,《季羡林全集》已经将近有一千多万字了。季羡林如此笔耕不辍,是怕虚度了人生,怕晚年时光在囹圄中流逝掉。

著名散文家朱自清先生在他的文章中写道:"燕子去了,有再来的时候;杨柳枯了,有再青的时候;桃花谢了,有再开的时候。但是,聪明的你告诉我,我们的日子为什么一去不复返呢?"时间总是在不经意间流逝,即便是百年人生,也不过是弹指一挥间。常常有人蓦然回首,发现自己已经老了,然而许多时光都被自己荒废掉了。

《菜根谭》有言:"天地有万古,此身不再得;人生只百年,此日最易过。幸生其间者,不可不知有生之乐,亦不可不怀虚生之忧。"这段话,其实表达了一个思想,就是人生不可虚度,光阴不可荒废。

那么怎么才能不虚度光阴呢?答案很简单:干活。《吕氏春秋·尽数》里面有一句话:"流水不腐,户枢不蠹。"意思是说,流动的水不会腐臭,常常转动的门轴不会轻易被虫蛀蚀。要想把人生过得精彩,就不能赖在床上不动,想着偷懒,得过且过。否则时间久了,你的人生就会像不流动的水、不转动的门轴一样,变得毫无生机。

余华在小说《活着》中这样写道:"人啊,只要不死就得活着。"但是如何活着,余华并没有给出答案。《钢铁是怎样炼成的》中有这样一段家喻户晓的名言:"人最宝贵的东西是生命,生命属于人且只有一次,一个人的生命是应该这样度过的,当他回首往事的时候,他不会因虚度年华而悔恨,也不会因碌碌无为而羞耻……"活着,并不仅仅是简单地活着,还不能虚度光阴,要让自己活得精彩,活得充实。

有一首打油诗这样写道:"人生何必久睡,死后必定长眠。"这首诗话虽糙但理却不糙。人生在世,最多不过百年时间,若是这里荒废一点,那里浪费一点,恐怕就所剩无几了。我们要把自己的人生充分利用起来,多做一些事情,因为把人生中的一刻钟过得饱满而有意义,远比虚度光阴100年要强得多。

5. 千万不要让脑筋懒惰

季羡林曾经说:"如果非让我讲出一个养生秘诀不可的话,那就是千万不要让脑筋懒惰,要永远不停地思考问题。"

季羡林的弟子钱文忠说:"作为一名学者,季羡林从来没有停止过思考。"季羡林晚年的时候还在思考"大国学"的概念,他还说:"季羡林去世前不久,还接受过一档电视节目的采访,其思路极其清晰,逻辑极其严密,连续说了半个多小时,让人不得不感叹他敏捷的思维,哪里像一个百岁老人。"

《病榻杂记》中有一篇随笔叫做《在病中》。在这篇文章中,季羡林如此写道:"我是一个比较保守的人,几十年形成的习惯,走到哪里也改不掉。我每天照例四点多起床,起来立即坐下来写东西。"

季羡林认为自己的手脚不灵便不是问题,眼睛变花也不是问题,他说:"只要脑袋没问题,文章就能写。实际上,我从来没有把脑袋投闲置散,我总让它不停地运转。到了医院,转动的频率似乎更强了。无论是吃饭、散步、接受治疗、招待客人,甚至在梦中,我考虑的总是结构、遣词、造句等与写作有关的问题。"

季羡林对待自己的脑袋简直比旧社会的地主还要狠,让它时刻不得歇息,一直保持着思考的状态。多年下来,季羡林的脑筋仿佛已经适应了这种运转方式,会主动地进行思考,主动地想问题。

季羡林说:"有时候坐在轮椅上,甚至躺在体检的病床上,脑袋里忽然一转,想的又是与一些写文章有关的问题。这情况让我自己都有点吃惊。难道是自己着魔了吗?"

笛卡尔有一句名言:"我思故我在"。人之所以能有如此多的发明创造,有如此灿烂的文化,就是因为人会思考,可以说是思考一直在推动着人类前进。从个人方面来说,文学、艺术的创作,个人的修身养性,以及为人处世的方式,这些都需要思考,并且需要大量的思考才能让其更有作用。

就拿工作来说,很多人习惯了每天工作八小时之后放松大脑,放松神情,这很正常,但是如果在工作的八小时之外再多思考一下,比如今天的工作效率如何？与昨日相比有没有提高？明天的工作计划是什么？这些问题其实用不了多少时间就能得出结论，而这些结论必然能够让你在工作中超越其他人，因为我们比别人多了一些思考的时间。

很多人不喜欢动脑，觉得动脑既伤神，又费心力，因此，不管在做什么事都不会去想其前因后果，也不会去想有没有好的代替方案，更不会有一个经验总结之类的思考。如果每天只是机械地做事情，不进行必要的思考，那么事情做了也等于没做。

勤于活动大脑，思维才能保持敏捷。人的大脑跟锯子、斧头等工具一样，越用越锋利，一旦长时间弃之不用，就一定会生锈。

北宋时期的著名科学家沈括，一生有诸多重大发现与创造，而这些成就都得益于他善于思考和不懈钻研。

有一年四月，沈括到深山去游玩，看到山上桃花开得正盛，而山下的桃花却早已凋谢了。他联想到唐朝大诗人白居易写的两句诗："人间四月芳菲尽，山寺桃花始盛开。"觉得写得非常贴切。可是，深山里的桃花为什么开得比较晚呢？经过反复思考与研究，他才知道花开的时间与地势、气温有关系。山里地势较高，气温较低，植物开花会比较迟。因此，他得出了一个科学的结论："此地气之不同也！"

又有一次，沈括到了河北，沿着太行山向北走，他看到山边的石壁里嵌着许多贝壳和鹅卵石，他由此想到了"沧海桑田"的说法，这里在远古时代曾经是片海滩，而太行山东面的华北大平原，就是河水夹带泥沙在海口沉积而形成的。他又联想到了陕北的黄土高原，被雨水冲刷以后，留下一个又一个的黄土包；而被冲到大海里的泥沙，日积月累，逐渐高出海面，便形成了陆地。

沈括的这些论断是比较科学的。在西欧，直到18世纪末期，英国人郝登才谈到流水的侵蚀与搬运作用，比沈括的结论晚了大约700年。

美国著名侦探小说家雷蒙·钱德勒在自己著作的序中写道："如果你停止思考,你就输了。"现在社会竞争激烈,但竞争不能是"甩开膀子"蛮干,而是要通过自己的思考,发掘自己的智慧,找到更好的方式在竞争中取得优势。

6. 工作是第一需要

季羡林的养生方法很特别,他倡导"无术为有术",但是他也曾经表示过"勤劳就是养生"。季羡林这一辈子可以说是没有闲过,无论是学术研究还是读书、写文章,他都抱着一种"进行到底"的气势,而且把这些事情当成人生的第一要事来看待。

季羡林表示,人一旦勤劳了,就能百病不生。反之,懒惰的人身体肯定容易出现问题。他说:"北宋欧阳修写文章多在'三上'——马上、枕上、厕上。我写文章,则多在会上、飞机上、路上(散步),应该也可以叫'三上'吧。"

季羡林的勤奋伴随了他一生。自1946年成为北大教授后,他就一直忙碌不堪,基本上没有完整的时间从事科学研究,勤奋的他挖空心思,终于摸索出了一套对付会议的办法——利用时间的"边角废料"。季羡林选择在会前、会后,甚至会中,构思或动笔写文章。其实有不少会议,都以空话、废话居多,每当这个时候,他就用一个或半个耳朵去听,却也能兜住全部信息；然后把剩下的一个耳朵或一个半耳朵全部封闭起来，将精力集中到脑海，开始构思文章。在飞机上、火车上、汽车上、自行车上，特别是步行的时候，他的脑海里更是思维不断。有时候走着走着路，他会忽然停下来，从口袋里掏出小纸片记上几句；有时候在等车的空当儿，他也会在小报的空白处写写画画，回家稍一加工，便点墨成金，编织出脍炙人口的优美华章。

"边角废料"的时间，只能出一些小品、杂想、短文。若想进行系统的学术研究，没有比较完整的时间是不行的。随后，季羡林发现只有在黎明以前，没有哪里会通知他去开会。因此，他总是清晨四点起床，开灯，擦一把脸，然后往桌旁一坐，打开书，铺上纸，拿起笔来，仿佛有什么近似条件反射的东西立刻起了作用，心里安安静静，一下子进入角色。

有一句话叫"生命不息，运动不止"。正像季羡林所说的，勤劳就是养生，一个人勤勤恳恳一辈子，每天保证按时作息，自然很少生病。相反，那些总是想要偷懒，想要歇息的人常常会有一些小病小灾。人的身体是越用越灵活的，久置不动自然会让身体机能变差，一旦突然劳累，身体肯定会很不舒服。

美国著名的心理学家马斯洛一生都在强调"需要层次论"。马斯洛认为，人的需要是有层次的，并将这些需要划分为五个层次：生理的需要、安全的需要、社交的需要、尊重的需要和自我实现的需要。而勤劳工作正是一种自我实现的需要。工作对于一个人来说极为重要，简单地说，它是赚钱的方式；复杂地说，它是一个人在社会上的价值。

东汉少年陈蕃，自命不凡，一心只想干出一番大事业。一天，其友薛勤来访，见他独居的院内龌龊不堪，便对他说："孺子何不洒扫以待宾客？"
陈蕃答道"大丈夫处世，当扫天下，安事一屋？"

187

第十二课　勤——人生之路没有捷径

薛勤当即反问道:"一屋不扫,何以扫天下?"

工作对于大多数人来说就是"屋子",如果连工作都不能勤劳认真,又怎么能把生活过好? 只有把工作做好才能有更大的发展空间。

明朝开国皇帝朱元璋,可以说是中国历史上少有的勤奋的皇帝之一。著名史学家吴晗先生曾做过一项统计,从洪武十七年(1384年)9月14日到21日,仅仅八天时间,朱元璋就收到了1666份公文,合计3391件事,他平均每天要看200份文件,处理400件事情。

朱元璋坐拥天下之后,想把权力都抓在自己手中,他废除了丞相制度,因此全国上下的事情就都得他处理。他常常是三更半夜都不睡,而公鸡打鸣时,他又得立即起床上朝。

朱元璋亲自临朝预政,不仅日视三朝,还常常要找大臣们开会,据《天璜玉牒》记载,朱元璋无论春夏秋冬都要"四鼓而兴,未明而朝,日昃始罢",连他自己都说:"朕自即位以来,常以勤励自勉,未旦即临朝,晡时而后还宫。夜卧不能安席,披衣而起。"

刚去世不久的香港娱乐业大亨、慈善家邵逸夫享年107岁,他在90岁高龄时,仍坚持每天上班。他说:"我的最大乐趣就是工作,只有保持工作才能长寿。"

省——秉持原则，污泥不染

1. 有良知的学者——坚守良知保全清白

季羡林的学生钱文忠曾在一篇文章里高度赞扬他说："季先生最大的魅力，就是仿佛无法用堂皇的语言来言说他的魅力。我这么说，也许会令很多人感到失望。但是能用在季先生身上的形容词，最合适的大概还是纯粹和平淡。季先生作为一个从各种运动中走出来的知识分子，最难能可贵的，是保持了人生的清白坦荡。该守望、该坚持的东西，季先生一样也没有放弃。"

1966年5月25日，日后被呼作"老佛爷"的聂元梓，纠集了哲学系的几个人，贴出了"全国第一张马列主义大字报"，整个北大开始风起云涌。当时季羡林很自信，以为"反革命"的帽子无论如何也不会扣到自己头上。

最开始确实如此,可是渐渐地,就有人找上门来。

季羡林开始了被批斗的生活,他气不过,就在日记里写了这样一句话:"江青给新北大公社扎了一针吗啡,他们的气焰又高涨起来。"这句话可给季羡林惹出了大麻烦,他因此被狠狠地"揪斗"了好几天,家里上上下下被砸个稀巴烂。

有一天,有人跑过来告诉季羡林,外边正在批斗陈寅恪,很多人都写了批判文章,你是他的学生,赶快表现一下。当时确实有许多人靠出卖老师、批判老师来求得自保,以至于师生反目、人人自危。季羡林心里极不是滋味,他选择了保持沉默,坚持不批判自己的老师。后来,有人遍查当年的主要报刊,确实没有发现季羡林写过批判他老师的文章。

《牛棚杂忆》扉页下端有几行极小号的字,季羡林写道:"这一本小书是用血换来的,是和泪写成的。能够活着把它写出来,是我毕生的最大幸福。是我留给后代的最佳礼品。愿它带着我的祝福走向人间。它带去的不是仇恨和报复,而是一面镜子,从中可以照见恶和善、丑和美,照见绝望和希望。"

《孟子》云:"人之所不学而能者,其良能也;所不虑而知者,其良知也。"孟子认为,良知是一种不用后天学习,每个人都拥有的是非标准和道德规范。到了明代著名的思想家王阳明那里,"良知"被进一步解释为"夫良知即是道,良知之在人心,不但圣贤,虽常人亦无不如此"。也就是说,"良知"是一切道德的本原,只要遵循"良知",即能得道。

教育家陶行知说:"道德良知是做人的根本,根本一坏,即使你有一些学问和本领,也无甚用处。没有道德的人,学问和本领越大,为非作恶就越大。"

一个人一定要具备一种坚守自己良知、底线的品质。但是要做到"贫贱不能移,威武不能屈",做到"君子出淤泥而不染",则是极为不容易的。

如苏武牧羊19年，吞毡啮雪、历尽艰辛，拒绝敌人的威逼利诱，只为忠于大汉。

我国著名文学翻译家草婴以翻译俄国文学为主。20世纪50年代末，随着中苏关系恶化，很多人的态度发生了巨大的改变，往日对肖洛霍夫的称赞都变成了贬斥。草婴的朋友劝他去做别的工作，以免惹火烧身。但草婴不为所动，不改初衷，先后翻译了肖洛霍夫的《新垦地》、《顿河故事》、《一个人的遭遇》等作品。

1957年"反右"时，一些人要给著名翻译家、文学评论家傅雷"戴帽子"，就要求草婴写文章批判他。草婴认为傅雷翻译态度严谨，对国家贡献颇大，他一个字也不愿意写。他说："我做人有一个原则，人活着时不能说违心的话，做违心的事。"

"文化大革命"开始后，江青把肖洛霍夫定性为"苏联修正主义文艺鼻祖"，《静静的顿河》、《一个人的遭遇》都成了"修正主义的大毒草"，草婴也因此受到牵连、遭到迫害，被戴上"苏修特务"的帽子，并成为"文化大革命"最早批斗的对象。那时的草婴不能翻译任何作品。被关押一年后，草婴成了监管劳教对象。

1969年，草婴被派到农村割水稻。当时的他瘦得皮包骨头，体重只有90斤，割稻子劳动强度大，结果没割几天他就大出血。所谓大出血就是上面吐血下面便血，草婴因此整整五天五夜滴水未进。

之后，草婴被送到医院抢救，辛亏抢救还算及时，在切除了3/4个胃后，草婴才算保住了性命。

1978年至1998年的20年时间，草婴以一人之力完成了400万字的《托尔斯泰小说全集》的翻译工作。1987年苏联作家协会授予草婴"高尔基文学奖"，而草婴是唯一获此殊荣的中国作家。

商纣王的叔父箕子见商纣王昏庸无度,奢侈淫乱,不愿与其同流合污,因其道之不得行,其志之不得遂,便带着商代的礼仪和制度到了朝鲜半岛北部,被那里的人民推举为国君,并得到周朝的承认。史称"箕子朝鲜",箕子也因此被称为中华第一哲人。

明代于谦有一首著名的诗句:"粉身碎骨浑不怕,要留清白在人间。"当我们要在违背良知与遵循良知之间做出选择的时候,即便付出再大的代价,也应该像箕子那样,选择坚守自己的良知,不让自己的清白受到一丝的污染。

2. 君子爱财,取之有道

季羡林一生淡泊名利,从不肯接受任何非正常的赚钱方式,作为国学大师、北大教授,自然有诸多人送礼、请客,然而季羡林一概不受。让他帮忙?好说,季羡林定会竭尽所能;若是为了表示感激而送礼,季羡林定会脸一沉,不高兴。

一直以来,季羡林的收入就那么两种:稿费,工资。如此看来,他不仅仅是学术上的大师,更是生活里的君子。

齐威王当政时期,孟子曾到过齐国。当时的齐威王重用孙膑、田忌,大有吞并天下之意,并没有听从孟子仁政的主张,孟子因此失望而走。

齐威王虽然不接受孟子的主张,但他十分欣赏孟子的才华,他派人给孟子送去100金,孟子却推辞掉了。

后来，孟子又辗转到了宋国，宋国国君很欣赏孟子，让他在宋国推行仁政。又过了几年，孟子到了薛国，当时薛国发生战争，孟子便帮着进行设防。

后来，宋国送给了孟子70金，孟子欣然接受；薛国又送过来50金，孟子也接受了。孟子的学生陈臻很纳闷，便问道："以前在齐国的时候，齐王送给您100金，您不接受；到宋国的时候，宋王送给您70金，您却接受了；在薛地，薛君送给您50金，您也接受了。如果以前的不接受是正确的，那后来的接受便是错误的；如果后来的接受是正确的，那以前的不接受便是错误的。老师您总有一次做错了吧。"

孟子回答说："上次在齐国，我没做成什么事情，齐王送黄金自然不能接受，所以我拒绝了；我为宋国推行仁政，远行时，宋国国君给我远行的黄金，我自然可以接受；而我在薛国帮助设防，受赏是天经地义的。你哪里见过君子能被金钱收买呢，我都是根据我的道义决定的。"

《增广贤文》曰："君子爱财，取之有道；小人放利，不顾天理。"其中记载道："子曰：'富与贵，是人之所欲也，不以其道得之，不处也；贫与贱，是人之所恶也，不以其道得之，不去也。君子去仁，恶乎成名？君子无终食之间违仁，造次必于是，颠沛必于是。'"意思是说，金钱与地位是人人都想得到的，但是如果不以"仁道"得之，君子是不能接受的；人人厌恶贫穷，但是也要以"仁道"的方式摆脱。君子在任何时候——哪怕是吃一顿饭的短暂时间里，都不能离开"仁道"，乃至颠沛流离的时候，也应如此。

荀子说："好利恶害，君子小人之所同也。若其所以求之道则异。"这句话的意思也同样，荀子表示君子小人都喜欢利益而厌恶损害，但是两者求财的道路却不相同。或者可以说，通过两者取财之道才分别得出谁是君子，谁才是小人。

谁不想多赚一点钱，但必须是自食其力，用自己辛劳的汗水换来的应得之财,只有这样,得到的酬劳之财,才能用得心安理得。

宋朝文学家欧阳修说:"廉耻,士君子之大节。"东汉太守杨震,部下故人夜怀十金来行贿,被他严词拒绝。部下故人却说:"暮夜无人知晓。"杨震说:"天知、神知、我知、子知,何谓无知?"这就是史称拒贿名言的"杨震四知"。

元朝曲作家关汉卿,写出过惊天动地的《窦娥冤》。此外,他还写过一个剧本叫《裴度还带》,该剧本里面写道:裴度是唐朝时一个非常贫穷的书生,父母双亡,衣食不周,寄居在年久失修的山神庙中。算命的人说他以后肯定要被饿死。

有一天,裴度看到山神庙的香案上有条玉带,非常值钱,大概差不多要值1000两银子。然而裴度并没有拿走玉带,反而想到的是丢玉带的人肯定非常着急,于是他站在那里等失主回来。

来认领玉带的是一位叫韩琼英的女子, 她的父亲韩太守因为得罪国舅而被捕入狱。韩琼英与母亲辛苦筹资以便营救韩太守,后来就得到了这条玉带。这条玉带一旦丢失,不仅韩琼英母女二人走投无路,就连韩太守都活不成了。裴度听完事情的经过后,确认韩琼英确实是失主,就把玉带还给了她。

裴度自己顾不上吃饭,只为将玉带还给失主,结果挽救了三条人命。裴度后来又遇到以前给他看相的相士, 那相士说:"你这面相变化很大,你一定做了件功德很大的事情。"裴度便向他说了还带的事情,那相士听后,连连说裴度以后富贵不可限量。最后裴度中了进士,官至宰相。

南北朝时期,有一学者名叫陆澄,从小就立志要名传天下。于是,在他不断地刻苦学习之下,终于成为一个博通经典而又有德的人。正当他准备赴京备考,想要一举成名的时候,有一同乡的学者却找到了他,想跟他一起通过作弊来取得功名。陆澄拒绝了同乡的要求，他说："我要通过正当的途径来实现我的梦想。"最后，他理所当然的成功了。

陆澄这样的行为对得起自己的内心。人有的时候会被巨额的财富蒙蔽了双眼，所以我们要学会时刻提醒自己，让自己产生一种"廉耻之心"，也就是赚取"不义之财"时会心有的羞愧心，这样就能够拒"不义之财"于千里之外了。

3. 自省拭心心自明

季羡林说："个人的意见，不管一时觉得多么正确，其实这还是一个未知数。时过境迁，也许会发现，并不正确，或者不完全正确。到了此时，必须有勇气公开改正自己的错误意见。梁任公说：'不惜以今日之我，攻昨日之我。'这是光明磊落的真正学者的态度。"

季羡林曾写道："每一个人都有一个自我，自我离自己最近，当然应该最容易认识。事实却恰恰相反，自我其实最不容易认识。所以，古希腊人才发出了Knowthyself的惊呼。一般的情况是，人们往往把自己的才能、学问、道德、成就等评估过高，永远自我感觉良好。这对自己是不利的，对社会也是有害的。许多人事纠纷和社会矛盾都由此而生。"

季羡林认为，若自知不能达到，就要通过自省来帮助认识自己。

他说："不管我自己有多少缺点与不足之处，但是认识自己，我是颇能做到一些的。我经常剖析自己。像回答'自己究竟是一个什么样的人'这样一个问题,我自信是能够客观地、实事求是地进行分析的。我认为,自己绝不是什么天才,也绝不是什么奇才异能之士,自己只不过是一个中不溜丢的人;但也不能说是蠢材。我说不出自己在哪一方面有什么特别的天赋。"

季羡林曾经坦白地承认说:"一般人的印象是,我比较淡泊名利。其实这只是一个假象,我名利之心兼而有之。只因我的环境对我大有裨益,所以才造成了这一个假象。在我40多岁时,一个中国知识分子当时所能追求的最高荣誉,我已经全部拿到手;在学术上是中国科学院学部委员,即后来的院士;在教育界是一级教授;在政治上是全国政协委员。学术和教育,我已经爬到了百尺竿头,再往上就没有什么阶梯了。我难道还想登天做神仙吗?"

曾子有句名言:"吾日三省吾身,为人谋而不忠乎?与朋友交而不信乎?传不习乎?"自省包括自我评价、自我批评、自我调控和自我教育等,简单来说,就是对自己行为处事的一个总结与归纳。在人生的路上,每天都在做不同的事情,我们不可能把所有的事情都做得完美,做错了事情不可怕,可怕的是自以为做得很完美,毫无疏漏。如此的不知反省,往往导致某些恶习越积越深,某些积怨越结越远,某些事情越做越错。

关于"自省",孔子说:"见贤思齐焉,见不贤而内自省也。"荀子则把"自省"和学习结合起来,作为实现知行统一的一个环节。他说:"君子博学而日参省乎己,则知明而行无过矣。"我们要学会自己发现自己的错误,而不是要别人提醒,若等到别人提醒的话,常常已经为时晚矣。

英国作家伏尼契说过:"不管人家恨你还是爱你,都要检查自己的行为。"自省就像是一面镜子,通过它,我们可以全方位的审视自己,从中看见别人不曾看见的自己,找到自己内心深处的不足,并且修正错误,这才有利于人生的发展。

晚清重臣曾国藩，弱冠之年为自己改号"涤生"，以求改过自新。他把自己每一天的所作所为都写进日记里，并且进行深刻地反省：贪睡恋床，不能黎明即起，他骂自己"一无所为，可耻"；喜吟诗作赋，寻章摘句，未将精力用于经史等有用之学，他以为"病症在好名，可耻"；给地方官吏写信，亲切一些，则是"意欲饵他馈问"，"鄙极丑极"，应重写一函，"作疏阔语"；喜清谈，争口头便宜，那是妄语，若再犯，"明神殛之"……

道光二十三年一月二十六日这一天，雨雪交加，曾国藩夫人卧病在床，他不离不弃陪在夫人身边，一时烦闷缠身，体不舒畅，他立马警觉起来："余今闷损至此，盖周身皆私意私欲缠扰矣，尚何以自拔哉！立志今年自新，重起炉也，痛与血战一番。而半月以来，暴弃一至于此，何以为人！"

第二天，曾国藩去朋友家赴喜筵，见了两女子，大概说笑几句，他便自责："放荡至此，与禽兽何异！"

对于这一个月，曾国藩做了一次小结，他认为自己自正月以来，日日颓放地过了一个月，然后痛责自己："志之不立，可以为人乎！"

"人生不自省，营欲无终己"。自省的方式有很多种，最常见的就是写日记，把自己每天做的事情都记载下来，然后阅读一番，查看其中是否有不恰当的地方。并且日后时时翻看，也能对自己起到一个提醒的作用。

苏轼在《论君子能补过》中写道："朝而为盗跖，暮而为伯夷，圣人不弃也。"意思是说，早上是盗跖一样的坏人，只要能改正错误，晚上就能变成伯夷一样的贤人，即使是圣人也是欢迎接纳的。由此可见，反省自己的错误多么重要。自省能够让一个人清晰地看到自己哪里有过失，哪里有疏漏。"知过"然后才能"改过"，自省就是一个"知过"的过程，是自我要求进步、心怀坦荡的一种表现。

4. 公德的至高境界是功德

季羡林曾经非常急切地写下："中华民族是伟大的民族,这一点,全世界谁也不敢否认。可是,到了今天,由于种种原因,一部分人竟然沦落到不知什么是公德,实在是给我们脸上抹黑。现在许多有识之士高呼提高人民素质,其中当然也包括道德素质。这实在是当务之急。"

季羡林曾在《谈人生》这本散文集中,专门用了四节讨论"公德"的问题,他没有讲什么大道理,说得最多的是发生在生活中的小事情。公共场所乱扔垃圾、青年男女肆无忌惮地幽会、随地吐痰,等等。对部分国人公德之差,季羡林颇有点儿怒其不争,哀其不幸的味道。

季羡林住在燕园的最北部,与圆明园只隔一条马路。那里有清塘一片,时值初夏,湖水潋滟,波平如镜,周围垂杨环绕,柳色已由鹅黄转为嫩绿,衬上后面杨树的浓绿,浓淡分明,景色十分宜人。不过,季羡林也在此看到了公德的衰败,季羡林偶尔也到湖边坐坐,几乎每次都能看到椅前的地上,铺满了瓜子皮、烟头,以及不同颜色的垃圾。有时候还有饭盒的残骸,里面吐满了鸡骨头和鱼刺。简直是狼藉满地,不堪入目。

见到如此场景,季羡林非常心痛,所以常常借着散步的时间捡垃圾,就连瓜子皮他都会捡,那瓜子皮体积小而薄,数量多而广,吐在地上,脚一踩,就与泥土合二而一了,要想将它们一个个地从泥土中抠出来,实在要费上一些苦心。

虽然每次都累得腰酸背痛,季羡林却很高兴,在看到同有一个退休的老干部也在捡垃圾时,他不禁感叹道:"吾道不孤。"

在中国传统文化里，公德即为"礼"。《大学》里有一句话："大学之道在明明德，在亲民，在止于至善。"这句话的意思是说，人们要达到一个"至善"的境界，那这个至善又是什么境界呢？我们其实可以把"至善"理解成人的公德心。

《礼记·礼运》中有云："大道之行也，天下为公。"在社会生活中，每个人都扮演着不同的角色，发挥着不同的作用，这才使人与人、人与社会之间发生着联系，形成一定的社会关系。整个社会就是靠这里面的人来进行修饰的，所谓"天下为公"，就是一种让社会变得更加好的方式。我们身处社会当中，就要遵循其中的一些规则，如保持环境的干净卫生，如待人礼貌友好，如尊重老者，等等。可以说，生活的方方面面都体现着公德心。

列宁说："社会公德是千百年来逐步积淀的产物，是为社会公共生活所必需的最简单、最起码的公共生活准则。"修炼公德之心其实也是一种修炼自我的过程，是立身处世的必经之路。一个没有社会公德心的人，必然不会受到人们的友好相待，因为人们会通过没有公德心的人所做的种种不公德的事情，来推断他的人品。如此一来，人们对于那些没有公德心的人自然不会有好的评价。

南北朝人孟信，一生为官清廉，告老还乡后，家里的日子过得很苦。有一次，在家里又要揭不开锅的时候，他的侄子打算将老牛卖掉，换些柴米。孟信不同意，说："那是头病牛，干不了活，怎么能卖给别人呢？"侄子只好暂时作罢。

一天，侄子趁孟信出去办事，偷偷地找来了一个买主，要把病牛卖掉。侄子花言巧语地骗买主将牛买下来。

买主交完钱后牵着牛刚要走，正巧碰见孟信从外面回来。孟信知道，一定是他的侄子说谎话骗人家买的牛，于是他对买牛人说："这头牛有病,不能干活,你买它干什么?"说完,又要侄子赶紧把钱还给买牛人。买牛人被孟信高尚的品德感动了,连连赞叹。过了一会儿,他对孟信说:"孟公,我现在想买你这头病牛,病了也不要紧,因为我不需要它出多大的力气。"面对买主的苦苦请求,孟信还是不依,买牛人只好走了。

孟信不卖病牛的事很快传开了,连皇帝都听说了。皇帝认为孟信是个诚实守信的人,立刻派人召他进京,封他做了官。

古人注重修身立德,一个人若能修身立德,必定会从方方面面影响到周围的人,而这影响一定是好的,好的影响就会让人产生一系列良好的变化,将公德变为功德。所以,多做好事、善事,于人于己都非常有好处。

一个有公德心的人,一定是一个有修养的人。一个人若有修养,那么所有的人都愿意向他敞开大门。即使此人身无分文,没有地位,但只要有修养,也能随处受到人们的尊重。一个举止得体、有公德心的人,必定能获得更多的帮助和支持,在人生道路上也必定能一路畅通无阻,行得更远。这就是讲求公德的意义。

5. 做个有责任感的知识分子

季羡林鉴于"敦煌在中国,敦煌学在国外"的屈辱现实,曾上书中央有关领导,发起成立了"中国敦煌吐鲁番学会",为抢救流失在海外的敦煌吐鲁番出土的文书,做出了突出的贡献。

季羡林说过:"一个人一定要意识到,责任感是一个人对自己、自然界和人类社会，包括国家、社会、集体、家庭和他人，主动施以积极有益作用的精神。也要知道，责任感从本质上讲，既要求利己，又要利他人、利事业、利国家、利社会。"

季羡林在文章中写道："每一代人都有自己的一段路程要跑。就如一条链子，是由许多个环组成的，每一环从本身来看，都不过是些微不足道的东西；但是若没有这一点东西，链子也组不成。在人类社会发展的长河中，我们每一代人都有自己的任务，而且绝非可有可无的。如果说人生有意义与价值的话，其意义与价值就在这里。"

季羡林提到：鲁迅先生所称之"中国的脊梁"，指的就是这种人。对于那些肚子里吃满了肯德基、麦当劳、比萨饼，到头来终不过是浑浑噩噩的人来说，有如夏虫不足以与语冰，这些道理是没法谈的。他们无法理解自己对人类发展所应当承担的责任。

季羡林感觉自己身有重担，即便自己只是一介文人，却也希望做出一些贡献。

清代顾炎武有诗："天下兴亡，匹夫有责。"人活在这个世界上，就一定有着大大小小的责任需要承担。正因为人有了责任感，才能具有驱动自己一生都勇往直前的不竭动力，才能感到有许多有意义的事需要自己去做，才能感受到自我存在的价值和意义。

当代著名作家梁晓声曾说："有责任感的知识分子，不能做娱乐场的看客。"托尔斯泰也曾说过："一个人若是没有热情，他将一事无成，而热情的基点正是责任感。"无论是普通人还是达官贵人，都肩负着或多或少的责任，我们不能对此视而不见，只有承担起这样的责任才能让人尊重。鲁迅先生正是怀着一种"医病不如医人"的态度，怀着唤醒国人的责任感弃医从文，回到中国，以笔做匕首、做投枪，刺破黑暗的天空。

中国古代的知识分子,以"正心、修身、齐家、治国、平天下"为追求,范仲淹在《岳阳楼记》中挥毫写下:"居庙堂之高则忧其民,处江湖之远则忧其君……先天下之忧而忧,后天下之乐而乐。"当我们有了一点能力的时候,就应该考虑自己的一言一行会带来什么样的影响,比如身为人父后,就要以身作则,给孩子以良好的榜样,这也是能够影响他人的一种责任。

陆游29岁时,赴南宋首都临安(今杭州)应锁厅试,名列第一,因居秦桧的孙子之前,又因他不忘国耻,"喜论恢复",竟在复试时被除名。

淳熙二年(1175年),范成大镇蜀,邀陆游至其幕中任参议官。淳熙五年,陆游诗名日盛,受到宋孝宗召见,但并未真正得到重用,孝宗只派他到福州、江西去做了两任提举常平茶盐公事。在江西任上,当地发生灾害,陆游"草行露宿",亲到灾区视察,并"奏拨义仓赈济,檄诸郡发粟以予民",不料却因此触犯当道,被以"擅权"罪名罢职还乡。陆游在家闲居六年。随后的生涯也是起起伏伏,其才华终得不到施展。

陆游生活的时代,北方的少数民族政权金国频频向宋朝发动战争,积贫积弱的宋朝丧失了大量国土,还不断地被迫向南迁移。陆游虽一介文人,但其最大的愿望就是杀敌报国,他的著名诗句"僵卧孤村不自哀,尚思为国戍轮台"无不表达他忧民忧国的情怀。

陆游的《示儿》一诗更是家喻户晓,诗中写道:"死去元知万事空,但悲不见九州同。王师北定中原日,家祭无忘告乃翁。"这首诗他写在给儿子的遗嘱中,充满了其对国家境遇的悲痛,还有自己不能实现愿望的哀伤。

陆游虽是书生,但他却一心想着报效国家,杀敌驱贼,这正是一种责任感的体现。有很多人可能觉得,自己不过是一个草民,国家的事情与己无关,这种想法实乃大错特错,国家、社会是属于我们每一个人的,因此每一个公民都有参与其中的责任。所谓"位卑未敢忘忧国",就是说我们虽然是普通人，但是同样不应该忘记自己身上担负的责任。

如果每一个人都能够对身边的人、对社会、对国家怀以强烈的责任心的话，必然能够将这个社会建设得更好。就像托尔斯泰说的："责任感代表着一种热情。会让我们全身心地投入其中，让社会更加和谐繁荣。"

6. 以言导行，诲人不倦

有学者曾提到过，他在北大散步时，身边的学子三三两两地聚在一起学习英语，但是一旦谈到季羡林，大家便会快速地聚拢起来，热情高涨，可见季羡林在北大有着巨大的号召力。有学者说季羡林在北大就是一座言传身教的丰碑，无时无刻不让人敬仰着、学习着。

季羡林的学生钱文忠回忆说："1984年，季先生决定在中国高等教育历史上，继1960年之后，第二次招收梵文、巴利文专业的本科生，我和他老人家的通信，大概使老人家确信了在这个年头，还是有孩子愿意学梵文的。"在高考前，北大招生办老师奉季羡林之命，特意到华东师大一附中找钱文忠谈话。从此，钱文忠就与梵文、巴利文这个不为常人所知的专业结下了不解之缘。当时那个班级一共招了8个人，最后只有钱文忠一个人坚持了下来。

钱文忠讲到，季羡林给他的影响实在太深了，他亲眼看着季羡林如何尊重同事，如何以80岁的高龄去看望更老的老前辈，如朱光潜、冯友兰、陈岱孙等。季羡林的言行无不影响着钱文忠的成长。

此外，季羡林的许多学生也在回忆中写道："先生的一言一行都彰显着他的高尚品质，他的影响不是一时的，而是一生一世的。我们以他为榜样，他的品德在逐步塑造我们心灵的完美，让我们形成正确的人生观与价值观。有一天早上，全校非常安静，整个校园看不见一个人，我却看见一个老人在大风里追逐一片纸片，他追赶得很艰难，几次快跑，几次弯腰，最后捡起那片纸片，扔进垃圾桶……我几乎要哭出来。"

所谓"以言导行"，就是把自己说过的话融汇到行动中去，也可以理解为言传身教。这一点非常重要，无论是教书育人，还是教育子女乃至提醒朋友的时候，都要做到言传身教。也就是说，当我们教育别人的时候，不能光嘴上说得头头是道，有礼有节，但是自己却不那么做，言行不一是不可取的。

孔子曾说："默而识之，学而不厌，诲人不倦，何有于我哉？"意思是说，能够将自己学到的知识传授给他人而不知疲倦的人，是值得我们仰慕的人。那么如何把知识传授给他人呢？"2006诺贝尔奖获得者北京论坛"上，李政道再次提及他的教育理论——要培养基础科学最顶尖的人才，没有捷径，唯有"一对一"的言传身教。

对于教育来说，言传身教是最具说服力的。言传身教虽是潜移默化的东西，却能让学习者牢记于心，并心悦诚服。就好像季羡林带着钱文忠去给冯友兰拜年一样，季羡林虽一句教育的话都没说，但钱文忠却一辈子受之影响，他从那时候起就知道了人要懂得尊师重道。

春秋时期，魏国大臣子质学富五车，知识广博。他因为得罪了魏文侯，而跑到北方的一位旧相识家中躲避。这位朋友家境不算富裕，子质为了不加重朋友的生活负担，便想开个学馆，收一些学生读书，借以糊口。朋友很支持他，就腾出两间空房作为教室，子质收学生一视同仁，不分贫富，只要愿学的都可以拜他为师。

这个学馆附近有两棵树，一棵是桃树，一棵是李树。凡是来上学的学生都要跪在桃李树下拜师。子质指着已结出果实的两棵树教导学生们说："你们都要刻苦学习，要像这两棵树一样开花结果。只有学问高，才能为国家做出一番大事业。"

子质非常希望这些学生能够成才，他以身作则，事必躬亲。在他的严格教导下，学生们都发奋读书，确实学到了不少真本领。后来，这些学生也都成了国家的栋梁。为了感念子质先生的教诲，学生们都在自己的住处亲手栽种桃树和李树。

后来，子质到各国游历时，碰到了在各国当官的学生，并且看到了学生们栽种的两种树，他自豪地说："我的学生真是桃李满天下啊！一个个都很有作为！"从此，当先生的就以"桃李"指代学生，并把学生多称作"桃李满天下"了。

孔子有言："其身正，不令而行；其身不正，虽令不行。"身教重于言教，高喊一千遍的口号，不如以身作则的做一个具体的行动。

宋朝的浙江瑞安府永嘉县，有个叫陈侃的人，因事亲至孝，名遍四方。他侍俸双亲，温顺孝敬，从来不让父母心中有忧虑之念。偶遇父母有病，则衣不解带，日夜陪床服侍，亲自做汤熬药。二老逝去后，陈侃悲痛欲绝，真正做到了"事生尽力，事死尽思"的圣人垂训。而他的孝行也被整个家族引为典范，陈家后代子孙人人效法，尊老爱幼，兄弟团结，夫妇和睦，姊娌相亲。以后陈氏家族五代同堂传为佳话。宋皇树坊旌表，赐额曰"孝门陈君"，百姓则称其为"陈孝门"。

陈侃没有刻意教子孝顺，只是自己孝顺，然而却能引起如此大的连锁反应，可见以行动影响人是多么强而有力的做法。所以当我们想要影响身边的人的时候,只要身体力行就能够达到"此处无声胜有声"的效果,从而达到"诲人不倦"的目的。

7. 为人师表,育教亦育德

北大教授谢冕曾说:"无论是做人,还是做学问,我都要向季羡林先生学习,但我也知道这是一辈子也学不完的,像他这样做学问的人现在已经很少了,我现在有点悲凉的感觉。"季羡林一生培养了6000名学生,其中30人成为驻外大使,季羡林既教书又育人,这跟他早年的学习经历有着很大的关系。

季羡林一生中遇到过许多老师,其中有几位老师让他数十年来不能忘却。每当回忆起这些师长时,他总是会盛赞他们德行高尚,能够毫不吝惜自己的才学和德行,尽力教导学生。

季羡林在回忆恩师陈寅恪时,言辞间极为推崇对方,他写道:"我于1930年考入国立清华大学,入西洋文学系。除了选修课以外,还可以旁听或者偷听。教师不以为忤,学生各得其乐。我曾旁听过朱自清、俞平伯、郑振铎等先生的课,都安然无恙。"季羡林说,他在清华学习的时候读了诸多的名著和其他书籍,收获却并不大,而真正的收获颇多的是两门旁听课,一门是陈寅恪的"佛经翻译文学",另一门是朱光潜的"文艺心理学"。

季羡林说:"陈寅恪先生讲课,同他写文章一样,先把必要的材料写在黑板上,然后再根据材料进行解释,考证,分析,综合,对地名和人名更是特别注意……本着实事求是的精神，不武断，不夸大，不歪曲，不断章取义。"季羡林表示，听陈寅恪的课是一种享受。

陈寅恪朴实的作风给季羡林留下了深深的印象，他总是穿着长衫行走于西装革履的北大教授当中，季羡林见了心中敬佩。月转星移，季羡林后来不也是穿着旧中山装行走于西装革履中吗？

20世纪90年代，有位老友来见季羡林，落座、喝茶，老友在说起近来见了哪些高官时，禁不住眉飞色舞，唾星四溅。季羡林干坐一旁，默然无语，待老友走后，他才幽幽地说了一句："他还很得意。"这一幕被季羡林的学生看在眼里，记了一辈子。

孔门学生3000人，共有72贤者，不能说人人都是学富五车，却皆是德行兼备。孔子活在世上时，收的徒弟是否真的有3000，其实没有定论。然而他死后，其思想精华流芳百世，后人依其修身立德，自称"孔门弟子"。这就是孔子注重德行教育的影响力。

我们若仔细研读孔子授业的话语，会发现"仁爱、礼义、明智、诚信、孝顺"等词语出现的频率极高。由此可见，孔子非常注重学生们的道德培养，对于他来说，学生以后成为一个"贤人"远远要比成为一个国君更重要。

韩愈在《师说》里说："师者，所以传道授业解惑也。"所谓"传道"，不仅要教给学生知识，也要教给学生做人的道理；而所谓"解惑"，不仅要帮助学生解决学习中遇到的困惑，还要帮助学生解决生活中、思想上的困惑。老师并不仅仅是教会学生们利用知识获得生存的本领，更是要让学生们带着高尚的品德去为人处世。

试想一下，"有学无德"危害大？还是"有德无学"危害大？无可厚非，当然是前者。所以，为人师表不能只重视知识的传授而轻视德行的教育。

陶行知在育才学校当校长时，学校里有一个叫王友的学生特别淘气，经常惹是生非，欺负同学。一天，陶行知看见王友用土块砸一个同学，当即制止了他，并叫他放学后到校长室来。当陶行知从外面办事回来时，已经放学良久了，他远远地就看见王友在校长室门前徘徊等候，于是赶紧把王友叫进了校长室。

进屋后，陶行知让王友坐在他对面，然后从口袋里掏出一块糖给他，略带歉意地说道："这块糖是奖励给你的，因为你按时来了，而我却迟到了。"王友用疑惑的眼光看了看他，不知道他"葫芦里卖的是什么药"，半信半疑间接过了糖。

陶行知继续保持微笑，又从兜里掏出一块糖递给他，说道："这块糖也是奖励给你的，因为我不让你砸同学，你便立即住手了，这说明你很听我的话，很尊重我。"王友瞪大了眼睛，不敢相信校长说的话。还未等王友有所反应，陶行知又掏出一块糖来，语重心长地说："我已经调查过了，你用泥块砸那位同学，是因为他不遵守游戏规则，还欺负女生。你砸他，说明你富有同情心、有正义感，应该奖励你啊！"

陶行知话音刚落，王友感动得"哇"的一声哭了起来，一边哭一边说道："陶校长，我错了，我错了，同学再不对，我也不应该拿土块打他。"陶行知听到这里，随即掏出第四块糖递给他，摸了摸他的头说："为你能正确认识错误，再奖你一块。现在我口袋里的糖已没有了，我们的谈话也该结束了。希望你以后改正错误，好好地学习，把精力用在课业上。"

从这以后，王友果然认真学习，团结友爱，遵守学校纪律，再也没有犯过错误。

现如今，越来越多的人开始提倡"育人为本，德育为先"，《礼记·大学》则把"修身"排到了第一位，认为修身是齐家、治国、平天下的重要前提，倡导"先做人，再成才"。因此，教育孩子首先要从德入手，给他们一个良好的道德教育，达到修身的境界。如此一来，还怕不能齐家、治国、平天下吗？

第十四课

爱——执子之手,与子偕老

1. 最真挚的爱情是默默相守

　　季羡林说:"爱情是人生不可缺少的东西。即使后来出家当了和尚,与爱情完全'拜拜',在这之前也曾趟过爱河,受过爱情的洗礼。"关于爱情,季羡林曾表示,爱情还是实在一点的好,他说:"终日卿卿我我,闹得神魂颠倒,处心积虑,不时闹点小别扭,学习不好,工作难成,最终还可能是'竹篮子打水一场空'。这真是何苦呢! "

　　1929年,季羡林的叔父为他安排了一门亲事,与年长他四岁的彭德华结为夫妻。彭德华是季羡林叔父的邻居,只有小学文化。步入洞房的季羡林内心其实非常忐忑,因为他根本不了解眼前的这个姑娘,季羡林很喜欢读小说,季羡林问彭德华:"你喜欢读小说吗? "彭德华摇摇头说:"我从来没读过小说，不知道喜不喜欢。"季羡林不由得对她有些失望。但是日后的婚姻生活里，季羡林却感觉到，妻子虽没什么文化，但是做人做事真是没得话说，而且还聪明贤惠，能吃苦耐劳。

1946年5月，季羡林拒绝了剑桥大学的邀请，执意回到日思夜想的祖国。见到阔别11年的妻子，季羡林几乎泪流满面。犹记得当年离别的时候，彭德华的额头还光洁饱满，如今她的额头变得和她的双手一样粗糙，布满了褶皱。季羡林看着沉默依旧的妻子，慨然长叹道："家贫、子幼，这些年让你受苦了！"

"文化大革命"的时候，季羡林每天都要被拉出去批斗，有人对他又撕又打，还把浓痰吐到他的脸颊上。季羡林每每回到家中，彭德华都会默默地为他清洗伤口，然后细心地涂抹药膏。夫妻俩很少交谈，偶尔目光对视，季羡林从妻子的眼神中看到剜心的痛楚。季羡林知道，妻子心疼他，而且不光心疼，还为他担惊受怕。

季羡林与彭德华的对话虽不算多，但是其中真情可见。

爱情是人类永恒的主题。古代的民间传说中就有一种鸟，雌雄总在一起飞，形影不离。《尔雅》中亦有记载："南方有比翼鸟，不比肩不飞，其名谓之鹣鹣。"后来，人们便常用"鹣鹣情深"来比喻男女之间的爱恋之情，夫妻之间的和睦之情。白居易曾诗曰："在天愿做比翼鸟，在地愿为连理枝。"这"比翼双飞"的意思就是两个人若能默默相守，不离不弃，任何风浪都不能将之拆散。

爱情并不仅仅是华丽的楼阁，在更多时候，它会转化成一种无言的情感，及至此时，爱情才能拥有无比的力量，让两个人相守走下去。在大风大浪中，在艰难坎坷中，并不需要过多的言语交流，爱人站在身边就能给人以力量。1994年，美国前总统里根患上了阿尔茨海默氏症，从此不再露面，妻子南希毫无怨言地担负起照顾丈夫的重担。随着病情日益严重，里根开始遗忘过去，甚至连妻子也不认识了。但是南希一直不离不弃，默默地陪在他的身旁，直到2004年6月里根去世。

爱情最开始的时候虽热烈如火，花前月下，两个人如胶似漆，但这种感觉最终将转化成平淡如水的波澜不惊，并且只有这种波澜不惊才能承担风雨，才能白头偕老。

李清照18岁时嫁给太学生赵明诚，婚后二人情投意合，如胶似漆，一同研究金石书画，过着幸福美好的生活。

公元1107年，赵明诚夫妇回到青州故居，过上了十年乡居生活。他们将书房称作"归来堂"，把内室命名为"易安室"。赵明诚致力于搜集金石书画，李清照就协助他整理校勘。十年来，他们孜孜不倦，夜以继日地工作，常以"尽一烛为率"。而在这十年间，他们所收金石书画、文物古籍，竟达十余屋之多。除治金石之学外，夫妇二人在"归来堂"上饮茶逗趣，相从赋诗。他们时常于饭后，一边烹茶小憩，一边玩一种游戏，游戏规则是一人说一史事，另一人要说出此事在某书某卷的第几页第几行，说对者就先饮茶，充满了文人雅兴。

赵明诚夫妇二人被人称作"神仙眷侣"，赏碑帖、品佳茗、校经籍，自谓人间之乐无逾于此。这个时期，李清照的作品多以贵族少女、少妇的生活为主，笔调也偏欢快、优雅。如"绛绡薄，水肌莹，雪腻酥香，笑语檀郎，今夜纱帱枕簟凉"。

然而靖康之变爆发后，战乱不断，夫妇二人在战争中失散，后赵明诚突然病逝，李清照又经历了书画被盗等事，开始了颠沛流离的生活。因此，晚年的李清照，其作品更多的是表达感世伤声的情感。而她与赵明诚的以悲剧结局的爱情也让人不禁唏嘘。

都说"山无陵，天地合，乃敢与君绝"，人生百年，期间不知道要发生多少事情,也不知道有多少眷侣只走了一半路便力不从心。所以我们才会说,默默相守才是最真挚的爱情,没有甜言蜜语,没有海誓山盟,但无论是失散还是变故,都不能改变相守的意志。季羡林留德十年生死未卜,彭德华独立支撑,养儿顾母,等他回来。

这等爱情才有资格说:"死生契阔,与子成说。执子之手,与子偕老。"

2. 幸福婚姻要相敬如宾

季羡林的婚姻是被包办的,虽然妻子彭德华没有看过季羡林的任何一部著作,甚至一封信也没有给他写过,但彭德华却十分贤惠,两人也从来没有吵过嘴。季羡林多次表示,自己的妻子温良淑德,夫妻二人风风雨雨一路走过,这之间虽话语不多,但相敬如宾的婚姻却也幸福。

开始的时候,季羡林对彭德华并没有多少感情,虽然婚后他们生育了一子一女,可实际上,这也不过是长辈交给他的不得不完成的任务而已。然而时间久了,季羡林的心就发生了变化,是彭德华的真挚为人感化了他。

彭德华识字不多,这方面连她自己都比较遗憾,但是除此之外,就连季羡林都不得不承认她是一个好妻子。她一辈子勤勤恳恳,对季家真正地做到了"毫不利己,专门利人"。彭德华几十年如一日的上奉公婆,下抚稚子幼女。那时候家里很穷,常常到了吃了上顿没下顿的地步,而季羡林一直在外求学,因此,彭德华不得不扛起了家庭的重担,然而她自始至终没有过丝毫怨言。

自1929年两人结婚，到1994年彭德华去世，他们的婚姻走过了六十五年。六十五年的风风雨雨，六十五年的相濡以沫，如何没有感情！否则，季美林完全可以在当上了北大教授之后，跟当时的很多人一样，与原配离婚，另觅新欢，但是季美林没有那么做。

季美林在散文《我的妻子》中写道："德华永远活在我的记忆里。"

《诗经》中"关关雎鸠，在河之洲。窈窕淑女，君子好逑"历来被传为佳话。汉代的毛公说："雎鸠的特性是'挚而有别'。"史料记载，宋代李公弼为县尉时，一次巡查乡下，看到有鱼鹰在水边飞翔，便问小吏："这是何鸟？"小吏回答说："这是著名的关雎。"小吏接着向他介绍，此鸟有异于一般的鸟，栖息时，一窝中有二室。李公弼命小吏亲自勘察下，果然都是一窝二室，雌雄异居。这就是所谓的"挚而有别"。

"挚"就是说雌雄鸟之间情意深挚专一；"有别"则是说雌雄鸟又各知其分，相敬如宾。恋爱的时候都很美好，此时大家说话做事都很注意分寸，彼此的美好其实就在这距离和分寸上。及至结婚之后，彼此以为熟悉，以为言辞可以不再讲究，如恋爱时说话温柔体贴，而婚后支使的语气增多。如此一来，时间长了未免会产生矛盾，以为对方变了心。

其实不是对方变了心，而是双方没有处理好婚姻的关系。婚姻并不仅仅是两个人对爱情的认可，更是需要用很长的时间来经营。若想要在婚后一如既往地相亲相爱，自然要懂得尊重对方，让对方感受到一种真心的体贴。

古代拜堂成亲为什么要一拜天地、二拜高堂之后，还要进行夫妻对拜？恐怕正是要提醒二位新人，要学会相互尊重，过上相敬如宾的和睦生活。

《后汉书·梁鸿传》曾有记载，汉时梁鸿品德高尚，提亲的人踏破了他家的门槛,可是梁鸿谢绝了媒人的好意,就是不娶。与他同县的一位孟氏有一个女儿,长得又黑又肥又丑,而且力气极大,能把石臼轻易举起来。这姑娘已30岁了,就是不愿出嫁。父母问她为何不嫁,她说:"我要嫁像梁鸿一样贤德的人。"梁鸿听说后,便找媒人下聘礼,准备娶她。

紧接着两人拜堂成亲,孟女打扮得很漂亮,可是婚后一连七日,梁鸿始终一言不发。孟女来到梁鸿面前说:"妾早闻夫君贤名,立誓非您莫嫁;夫君也拒绝了许多家的提亲,最后选定了妾为妻。可不知为什么,婚后夫君默默无语,不知我犯了什么过失?"

梁鸿说:"我一直希望自己的妻子是位能穿麻葛衣,安贫乐道,能跟我隐居深山的人。而你现在涂脂抹粉、梳妆打扮,这哪里是我理想中的妻子啊!"

孟女听了,对梁鸿说:"我这些日子的穿着打扮,只是想验证一下,夫君你是否真是我理想中的贤士。妾早就准备有劳作的服装与用品。"说完,便将头发卷成髻,穿上粗布衣,架起织机,动手织布。梁鸿见状大喜,连忙走过去,对妻子说:"你才是我梁鸿的妻子!"梁鸿为妻子取名孟光,字德曜,其意可见一斑。

后来,梁鸿夫妇一道去了霸陵山中,过起了隐居生活。在霸陵山深处,他们以耕织为业,或咏诗书,或弹琴自娱。梁鸿每次归家时,孟光备好食物,低着头,把盘子举得高高的,而梁鸿也弯腰双手来接。后世便以"举案齐眉"来形容夫妇相敬如宾,相亲相爱。

"相敬如宾",妙在一个"如"字,其意并不是真的要把对方当成是"宾客",凡事客客气气,说话也客气礼让,口里"谢谢、对不起"不断,这样做只会拉开两个人的距离,让人越来越疏远。"相敬如宾"是要夫妻俩能发自内心的尊重对方、关心对方、体贴对方,这样才不会让漫长的婚姻因为一些小芥蒂而有裂痕。"相敬如宾,相濡以沫",幸福便来源于此。

3. 隐忍是和睦家庭的箴言

季羡林曾讲过，家庭重要的是"一真一忍"。他说："夫妻、父母、子女之间，有时难免有不同的意见，如果一方发点小脾气，你让他(她)一下，风暴便可平息。等到他(她)心态平衡以后，自己会认错的。此时，如果你也不冷静，火冒三丈，轻则动嘴，重则动手，最终可能告到法庭，宣判离婚，岂不大可哀哉！父母兄弟姊妹之间，也有同样的情况。结果，一个好端端的家庭，会弄得分崩离析。"

季羡林成为国学大师后，彭德华还是跟以前一样做她的贤内助，也依旧对他的学术研究不闻不问。一年冬天，北京下了一场很大的雪，彭德华打开屋门，见大门外的雪地上写了很多字，她没有多想，就把门前的雪连同那些字清扫干净。

季羡林起床晨练，一位教授对他说："大清早我就看到很多年轻的学生蹲在你家门前的雪地上写祝福语，密密麻麻写了很多，你的学生真是太好了。"

季羡林回去一看，门前被扫得干干净净，哪有祝福语？他知道，一定是妻子扫雪时把那些字扫掉了。有不少人向季羡林提起这件事，因此彭德华也知道了，她心里有些不安，担心丈夫会责怪她。然而季羡林却反过来安慰她说："没事儿。那些祝福你看到了，就等于咱们收到了。"

彭德华不好意思地说："我都没仔细看，我上小学时学的那千八百个字，早就还给老师了。"

季羡林依旧安慰彭德华，怕她担心，说："还给老师好，没有负担了。"

季羡林与彭德华就这样相互包容着过完了一辈子。

国学大师南怀瑾认为,小到一个家庭,大到一个国家,忍耐和包容才是能让群体延续和安定的关键。他在著作《金刚经说什么》里这样写道:"忍辱最难办,你说自己心也很清净,戒律也很好,那是当你没有受到打击的时候,打击一来啊,就火冒八丈高了,也管不了清净不清净,什么毛病都出来了。所以忍辱是六度的中心,因为那是最难最难的。"

由此可见,家庭里更需要隐忍。有人说,家就像是一座山,如果两个人都想爬到山顶,那么就一定会跌下来一个。两个人结为夫妇,朝夕相处,随着时间的推移,对方一定会把最真实的自己展现在我们面前——我们也同样如此,缺点、毛病、甚至怪癖等都暴露无遗,这个时候就常常会心生厌恶之感。

并不是所有的缺点与毛病都能够改正,而如果对方不能改正就要厌恶吗?绝对不可以,要学会怀有隐忍之心,包容对方的一切才行。并且在对方做错事的时候,更应该隐忍,不要不依不饶,有谁见过斤斤计较、争吵不断的家庭会和睦呢?

唐朝中期,"安史之乱"爆发,唐玄宗奔逃四川,唐王朝风雨飘摇危在旦夕。幸好郭子仪带领勤王诸军,打败了安禄山,收复两京,迎唐玄宗还都,郭子仪也因此封王。后来唐代宗继位,将其爱女升平公主许与郭子仪之子郭暧为妻。

有一回,郭子仪过寿,儿子女婿们纷纷前来拜寿,唯独升平公主没有来。郭暧为此非常生气,两人便吵了起来。郭暧说:"你不就是倚仗着你父亲是天子吗?我父亲只不过是不屑于做天子罢了!"升平公主哪里受过这份气?大怒之余,乘车飞奔入宫把这件事报告了父亲,没有想到唐代宗却说:"此事并非你所能知。他们真是这样,如果他们想要做天子,天下怎么会是你家的呢！"唐代宗对升平公主安慰劝说一番，就让其回去。

郭子仪听说此事后，非常害怕，立马就将儿子郭暖囚禁起来，自己则入朝等待唐代宗的惩处。唐代宗知道了，却对郭子仪说："有一句俗话叫'不痴不聋，不做阿姑阿翁'。儿女闺房中的话，你去管他干吗呢？"郭子仪这才放心离去。

夫妻相待，隐忍为先。"忍"是家庭和睦的前提，如能忍让、迁就，便会减少诸多争端，减少争执，则非常有利于感情的增加，可谓有百利而无一害。

4. 百年好合的婚姻要有彼此欣赏的态度

季羡林很懂得欣赏，他希望他的眷侣能知书达理，跟自己有共同的爱好，所谓"吟诗作对，红袖添香"，然而这些彭德华都不会。于是，季羡林便在这漫长的岁月里寻找彭德华的闪光点，而这一找他才发现，彭德华还真有不少优点。

季羡林曾表示，自己家庭生活的黄金时期是"夫人彭德华1962年从济南来到北京，一直到1994年她永远离开。我们家和睦相处，你尊我让，从来没有吵过嘴"。

季羡林说："夫人彭德华年长我四岁，她对我一辈子搞得这套玩意根本不知道是什么东西，有什么意义。她似乎从来也没想知道过。在这方面，我们俩毫无共同语言。然而在道德方面，她却是超一流的。上对公婆，她真正尽了孝道;下对子女,她真正做到了慈母;中对丈夫,她绝对忠诚,绝对服从,绝对爱护。如果中国将来要修《二十几史》而其中又有什么妇女列传或闺秀列传的话,德华应当榜上有名。"

这满满都是欣赏的话语,让人动容。1994年,彭德华去世,季羡林在《我的妻子》一文中写道:"人生无常,无法抗御……我们家这一出十分美满的戏,早晚会有煞戏的时候。"而季羡林去世前的遗愿中,其中一条便是将自己骨灰的一部分葬回山东临清老家,与彭德华埋葬在一起。

懂得相互欣赏,能让两个人更加亲密,能让婚姻保持新鲜感。因为人都是有虚荣心的,无论哪一方面都希望得到别人的认可,如果连生活多年的爱人都不欣赏自己,那势必要大受挫折。从另一个角度来说,与一个人相处了一段时间后,如果还不能欣赏对方,找到他(她)的闪光点,又怎么能够长久地相处下去呢?谁愿意跟一个毫无亮点的人生活几十年?一旦心生厌恶,婚姻便难以维系。

所以欣赏对于婚姻来说非常重要。夫妻之间朝夕相处,难免会日久生厌,而人性的弱点又是喜欢埋怨和指责,这些都是婚姻中不和谐的音符,很有可能会导致恶性循环。相互欣赏是保持婚姻新鲜的良方,虽着实不易,但也应努力做到。

爱情犹如新茶,甘甜清香诱人品尝;而婚姻则如经过岁月沉淀的陈茶,别有一番平淡的滋味。就像酒是陈年的香醇一样,只有那些经过岁月洗刷和打磨过的东西,才最值得人们去品味。要学会品味对方的优点,而不能一味地看到缺点和毛病。

相传,诸葛亮之妻黄月英黄头发黑皮肤,长得非常丑,但是却熟读兵书,文韬武略,诸葛亮欣赏她的才华,便娶她为妻。由此可见,欣赏的作用极为重要,如果不能欣赏,哪里还能有这样的佳话?

1932年,美丽的清华园里,钱钟书与杨绛相遇,一个是赫赫有名的大才子,一个是美貌与才华兼具的奇女子,二人便于此结下了百年佳话。

1935年,杨绛陪钱钟书去英国牛津就读。初到牛津,杨绛很不习惯异国的生活,不禁乡愁迭起。钱钟书为了平服她的焦虑,便在一天早上亲自做了早餐,钱钟书本不擅长如此,简直堪称毛手毛脚。等到杨绛起床后,见到他煮的鸡蛋以及烤面包、热牛奶、红茶,惊讶不已。

后世不知道其味道如何,只知道杨绛很开心,她说:"这是我吃过的最香的早饭。"

虽然后来人们多称杨绛为"钱钟书夫人",可是在当时,大家都称钱钟书为"杨绛的丈夫"。1942年,杨绛创作了话剧《称心如意》,在金都大戏院上演后,一鸣惊人,迅速走红。

看到妻子成功,钱钟书也有些按捺不住。一天,他对杨绛说:"我想写一部长篇小说,你支持吗?"杨绛大为高兴,催他赶紧写。为了让钱钟书心无旁骛地写作,杨绛主动包揽家务活,劈柴生火毫无怨言,只盼着钱钟书的大作早日问世。

钱钟书力求精益求精,每天写作并不追求数量,而一直支撑着他写下去的动力便是杨绛。每次他写一点就给杨绛看一点,杨绛或拍手称赞,或被句子逗笑。

两年后,《围城》成功问世。钱钟书在《围城》的序中说:"这本书整整写了两年。两年里忧世伤生,屡想中止。由于杨绛女士不断地督促,替我挡了许多事,省出时间来,得以锱铢积累地写完。照例这本书该献给她。"

只有学会欣赏,爱才可能长久。因为欣赏,我们才能够发现对方并不明显的优点;因为欣赏,对方才能够感受到一种来自爱人的鼓励与重视。这对夫妻双方都有莫大的好处。在平凡的生活里,有的时候在对方做了一件事情,满怀期待地看着我们时,我们不妨给对方一个欣赏的眼神,告诉他(她):"你真是太厉害。"事情虽不难,但作用却不小。

5. 糟糠之妻不可弃

季羡林的人格魅力在婚姻态度上体现得淋漓尽致。他的婚姻是包办的,他其实内心不喜欢,在德国10年,他亦有机会选择自己的爱情,但他选择了与彭德华携手前行,始终不离不弃,这一点着实让人敬佩。

季羡林在德国读书的时候,有一位叫做伊姆加德的女同学对他青睐有加。因为季羡林不会使用打字机,在写博士论文那几年,他经常到房东迈耶家里,请他们的大女儿伊姆加德帮忙打字,而季羡林则坐在伊姆加德的旁边帮助她辨认自己那潦草的字迹,经常工作到深夜。正值妙龄的伊姆加德身材苗条,皮肤白皙,是很多男同学倾慕、追逐的对象。

可是伊姆加德偏偏钟情于季羡林,季羡林对伊姆加德的情感了然于心,他们逛遍了哥根廷,或是看铜像下的鸽子,或是看上一场午夜电影,又或是一起在小径上散步。

毕业后,季羡林选择了回国。他曾经跟同学说:"我既然选择了娶她(彭德华),就要负起责任。"于是,他离开了美丽的伊姆加德,毅然决然地选择回到祖国,回到故土,回到独守空房的彭德华身边。

精通12种语言的季羡林,在北京大学仅当了一周的副教授,就被直接提升为正教授兼东方语言文学系系主任,此时的季羡林刚满35岁,一时间名声显赫。但是季羡林没有像很多人那样割断包办的婚姻,反而把妻子接到北大,夫妻俩在美丽的未名湖畔团聚。

俗话说"一日夫妻百日恩",尤其是患难之时走过来的眷侣,又怎么能够将之抛弃。诚然，现在的离婚率越来越高，手续也越发简便，人虽有结婚、离婚的自由，但当你真的做出诸如离婚这样的决定时，是不是应该再好好想一想呢？

很多人都是从最底层奋斗而起的，从最初的一穷二白、一无所有到现在的功成名就。而在这个过程中，只有爱人始终陪伴在身边，而那些所谓的朋友，多是在你有所成就之后才"慕名"而来的。所以，我们要这样想：爱人在选择我们的时候，能够对我们的一无所有毫不在乎，这难道不可贵吗？一个男人在自己两手空空、前途渺茫的时候，能有一个死心塌地追随自己的女人，这难道不是一件让人动容的事情吗？

古语有云："共患难，同富贵。"就个人而言，一个男人若在功成名就之后便抛弃患难多年的妻子，另结新欢，势必会让人怀疑其人品不正，久而久之，他的事业也会大打折扣。因为大家都会在心里暗自揣测：这个人连结婚多年的患难妻子都能抛弃，看来是个能同苦不能同甘的人。

《后汉书》中记载了这样一则故事。

东汉名臣宋弘，忠正奉国，多次向光武帝刘秀进谏。

当时，刘秀的姐姐湖阳长公主刘黄的丈夫刚去世，光武帝在与她一起评论朝臣时，悄悄地观察她的心向。湖阳长公主说："宋弘威容德器，群臣无人能及。"

刘秀想：我身为皇上，与宋弘又是患难之交，还有什么办不成的。刘秀就说："我去找他。"随后刘秀召见宋弘，并令其姐湖阳长公主坐在屏风后面，他对宋弘说："俗话说'贵了便改变朋友，富了便再娶新妇'，这是人之常情吗？"

宋弘说："臣听说，对贫穷卑贱的知心朋友不可忘，一起用酒渣、米糠度日的妻子不能把她从家中撵走。"刘秀听后，回头对屏风后面的湖阳长公主说："事情不成了。"这就是"贫贱之交不可忘，糟糠之妻不下堂"的典故。

原来，西汉末年之时，群雄并起，光武帝刘秀也带兵自立，战斗中大将军宋弘为保护刘秀身负重伤。当他们逃到饶阳境内时，宋弘实在走不动了，然而追兵即到，刘秀无奈之下，只好将宋弘托付给郑庄一户姓郑的人家，让其在此养伤。

这户姓郑的人家非常善良，而且很同情宋弘，待宋弘亲如家人，特别是郑家女儿，长得虽不很漂亮，但为人正派，聪明大方，为宋弘煎汤熬药，嘘寒问暖，关怀备至。宋弘非常感动，待到他伤好后，两人便结为夫妻。后来，宋弘跟随刘秀南征北战，屡立战功，终于帮助刘秀赢得了天下。而宋氏则一直陪伴在侧，风雨无阻，任劳任怨。

成功的路上虽满是荆棘，但却有爱人毫无怨言、默默地守候在我们身边，也许她并不漂亮，也许是岁月让她的脸上多了几条皱纹。在嫌弃对方之时，我们为何不想想，这皱纹因谁而起？哪个女人不想青春永驻，之所以这样，还不是为了陪我们度过艰难岁月，而顾不上自己。

漫长的成功之路上，只有爱人在陪伴；所有的人都离开之时，也只有爱人在坚持，直到我们成功，这等情感不值得珍惜吗？功成名就之后，不正是好好补偿对方的时候吗？所以"糟糠之妻不可弃"有着深深的现实意义。

6. 勿求完美婚姻，学会去发现婚姻的美

季羡林曾说："岁月无尽，生命有终，不完美才是人生。"关于人生的不完美，季羡林有一个精彩的比喻，你的嘴里如果一直含着一块糖，那么时

间久了，你就感觉不到甜的味道了。

有一句话叫做："完美本是毒。"在婚姻生活里，追求完美其实是在吸一种腐蚀性极强的毒，它会让相爱的两个人心生嫌隙，彼此芥蒂，从而影响婚姻的质量，甚至将多年感情稀释得一干二净。

每个人都希望自己的婚姻幸福美满。所谓"人无完人"，又哪里会有完美的婚姻呢？总有人想要找到一个心中的"如意郎君"或者"如意妻子"，渴望打造一个完美无瑕的婚姻。事实上，这种婚姻并不存在。或许真的让你找到了那个优点多多的某个人，但是朝夕相处之后，你就会发现对方许多不为人知的缺点，若一直纠结于此，婚姻质量必定会大打折扣。

有人说："婚姻是一种有缺陷的生活，那些所谓的完美无缺的婚姻，只存在于恋爱时的遐想里。"太阳那么耀眼，却也有太阳黑子的存在，如果我们只看到了太阳黑子，又哪里还懂得光明的美好？婚姻也是如此，如果只看得到对方的毛病，婚姻就不会幸福美满。

面对婚姻中的不完美，我们应该做的是睁大双眼，去发现其中绝大部分的美。那些生活在重重矛盾中的夫妻，往往会历久弥新，白头偕老，为什么呢？因为，婚姻本身就是两个不完美的人在一起过日子，互相发现对方的美好之处，互相勉励，互相欣赏。

2009年5月初，新加坡出了一则很特别的广告，在电视上播出后，引起了极大的争议。这则广告由新加坡国家级的"小区发展部"拍摄，是一则"支持婚姻"的公益广告。

主角是一位印度裔太太，在悼念她刚死去的华裔老公。她的悼词和大家预期的不同，因为她竟然在全体亲友面前，描述她老公在床上如何的"打鼾"和"放屁"，还当场模仿这些声音。

她说："今天，我不是来赞美的，我不会说他有多好，因为很多人都已经说过了。今天，我想和大家分享一些能让大家比较不自在的事。"

她现场学起了已故丈夫的打鼾声,鼾声很大,在场的很多人都笑了。

这位太太继续说:"打鼾还不算什么,他还会放屁,甚至会把自己惊醒。"

大家哄堂大笑。

"你会觉得,这很好笑?"她缓缓地说,"不过,当戴维真的病得很重的时候,这些声音至少让我知道,我的戴维仍然活着。"

她带着哭腔说:"现在……我终于再也无法在睡前听到这些声音……"全场安静得有如冰凝。

"到生命的最后,"这位太太孤单地站在台上,望着丈夫戴维的遗像,缓缓地说,"总是这些小小的事情,让我们永远记得。是这些小小的不完美,一起组成生命的完美。"

最后,在场的人全都痛哭失声。

婚姻就是如此,生活在一起的两个人总会有不同的看法,存在着不和谐的因素,但正是这些,才让彼此的生活变得更加多样。万物虽不完美却又皆美,就看我们有没有一双发现美的眼睛。

婚姻是一座花园,需要用心呵护和耕耘,如果因为不中意花园中的某种植物就遗弃了整个花园,岂不是会让自己遗憾终生?若不想花园内杂草丛生,一片荒芜,就要学会发现其中每一种植物的美,并进行辛勤地浇灌与修剪,只有两个人共同努力,才能打造出美好的婚姻花园。

第十五课

善——与人为善,善莫大焉

1. 君子成人之美,不成人之恶

季羡林在《无题》中写道:"自从盘古开天地,三皇五帝到如今,没有哪一个正人君子,给自己的敌人脸上抹黑,造作流言蜚语,把他们'搞臭',以取得自己的胜利。这些卑鄙的勾当是小人的专利,是小人的特长。小人如此为之,此正人君子之所以不为也。"

20世纪80年代,北大教授段宝林写了一本教材,叫《中国民间文学概要》,由北京大学出版社出版。季羡林当时是北大主管文科的副校长,看到了样书后非常高兴,随后见到了段宝林,便对他说:"谁说没有好书呢,这就是一本好书。"

段宝林因此受到了极大的鼓舞。随后,段宝林的许多工作都无例外地得到了季美林的大力支持。可以说，若没有恩师季美林的支持，段宝林就不会有今天的成就。

1982年12月，北京大学《歌谣周刊》创刊60周年，当时学校决定开纪念会，段宝林邀请季美林参加，季美林想都不想便一口答应，并表示全力支持，甚至还特意通知校长办公室，批准他们在未名湖边的临湖轩开这场纪念会。此会由季美林亲自主持，有几十个师生参加，场面非常隆重。季美林还特别派车进城，接来了90多岁高龄的常惠先生、钟敬文先生、杨成志先生等老学者。

学会成立后，段宝林又创办刊物《北大民俗通讯》，举办民俗讲座，季美林都给予了他大量的帮助。

无论是经费问题，还是人员调度，只要找季美林帮忙，就一定错不了。季美林对于他能帮忙的事情绝对会不遗余力的帮忙，有时候实在帮不上忙了，他还要向对方说声抱歉。

《论语·颜渊》记载："君子成人之美，不成人之恶。小人反是。"意思很简单，君子成全人家的好事，不帮助别人做坏事。那么"成人之美"具体体现在哪里呢？其实很简单，就是善于发现并乐于称道别人的优点，对后辈乐于提携，看到别人的成就真心为之喜欢。此外，提携之力，举手之劳都算是"成人之美"。

曾国藩在他的日记里写道："见得天下都是坏人，不如见得天下都是好人，存一番熏陶玉成之心，使人乐于为善。""成人之美"就是一种与人为善的体现。《周易》中说："积善之家，必有余庆；积不善之家，必有余殃。"其大意是，积累善行、善德的家族，其福报会绵延不断，其家族的后代也会承受福报。

儒家的"成人之美"，并不是一个简单的道德训条，而是一种重要的精神修炼。关于"成人之美"，国学大师南怀瑾有很深的感悟，他曾为自己的学生做过几次证婚人，但结果圆满的并不多。所以，南怀瑾常想：什么才算是"成人之美"。他甚至反思："如果男女双方恋爱已经成熟，旁人若只是帮忙盖章，这算是'成人之美'吗？"

著名元曲《西厢记》被传颂千古，尤其是老辈人家，对里面的人物更是如数家珍。要说《西厢记》里最受大家喜爱的人物，恐怕不是主角崔莺莺和张君瑞，而是小红娘。小红娘为二人数次奔波，传书递信，即便被崔夫人打，也一定要成全二人的爱情。正是这种"成人之美"的品质让小红娘被歌颂了千年，也让"红娘"成了媒人的代名词。

宋代名家范仲淹，做学官期间经常用自己的薪俸帮助那些穷苦的读书人。曾经有个姓孙的秀才，特意来见范仲淹，范仲淹见过之后发现此人才华横溢，是块读书的好材料，便送给他50两银子。第二年，这位孙秀才又来了，范仲淹又给了他50两银子。

范仲淹很不解："你这样辛苦地来回跑，究竟是为了什么？"

孙秀才非常悲伤地说：我无法独自养活年老的母亲，只好这样来回奔波，向您求得一点帮助。如果我能有每天100铜钱的收入，就足够维持我和母亲的生活了，那我也就能空出些时间来读书求学了。"

范仲淹说："君子哪能终日乞讨，我替你补一个学职吧，每月有3000的薪俸可供衣食之需，这样你应该可以安心学业了吧？"孙秀才感激不尽，一再地向范仲淹拜谢。

于是，在范仲淹的安排之下，孙秀才开始研习《春秋》。他学习非常刻苦，日夜抓紧时间读书修业，并且行为谨慎，严于约束自己的举止，因此很得范仲淹的赏识。一年之后，因职务调动，范仲淹离开了那里，而孙秀才也结束自己的学业回家了。

十年之后，范仲淹听说泰山脚下有位天下闻名的先生在教授《春秋》，不管是学问还是修养，皆受到人们的赞誉，而朝廷也慕名把这位先生请到太学来当老师。于是范仲淹前去拜访，这才发现此人正是多年前苦心研习学问的孙秀才，心中大为欣慰。

在成人之美的同时，还要防止成人之恶。这个世界上不光有君子，还有小人，我们要想做君子，就要避免误成小人，而且还要防备小人。在待人处事中，谁都不愿意和小人打交道，因为这种人往往只看重利益，不惜动用各种手段算计别人。而不成人之恶，是告诫我们不要帮助别人做坏事，避免自己成为小人。知道对方要做坏事，自己不仅不能盲目顺从，更不能助纣为虐，还要抱着成人之美的心态，设法说服对方弃恶从善。

2. 以惠己之心惠人，以责人之心责己

何为好？何为坏？季羡林先生其实有自己的看法，他说："只替自己着想，只考虑个人利益，就是坏；反之，能替别人着想，考虑别人的利益，就是好。"他还进一步解释说："在为自己着想和为别人着想中，后者所占的比例能超过一半，他就是好人；低于一半，则是不好的人；低得过多，则是坏人。"

春秋时期的一个冬天，齐国连下三天大雪。齐景公身披狐腋皮袍，坐在厅堂欣赏雪景，他觉得此景颇为新奇，心中便想：若能再多下几天，也许会更漂亮。恰好此时，大夫晏子入宫奏事，看见齐景公若有所思地望着

外面翩翩飞舞的白雪。这时，齐景公说："下了三天雪，一点都不冷，倒是春暖的时候了！"

晏子看齐景公在室内还将皮袍裹得紧紧的，就有意追问："真的不冷吗？"齐景公点点头。

晏子知道齐景公并没有了解他的意思，又说道："我听闻古之贤君，自己吃饱了要去想还有人饿着；自己穿暖了要去想还有人冻着；自己安逸了要去想还有人累着。可是，大王怎么都不去想想别人啊！"齐景公听后很是羞愧，一句话也答不出来。

晏子的意思很明显，齐景公只知道自己穿得暖和，却不懂得惠及他人。

为人处世时，一旦出现利益分歧，每个人都希望自己能够在得到既有利益之余，得到更多的利益。我们不妨在这一点上换位思考，学会用体会自己的心来体会别人。自己想得到利益，别人自然也想要得到，如不能彼此为对方考虑，就一定会产生争端。其实，把为自己谋利益的心用在为别人谋利益上，并不会损害我们的利益，相反，它可能还会让我们得到更多的利益。

"我为人人，人人才能为我"。帮助别人的时候，不要只在意回报，掺杂了"计算"的帮助，往往会让我们增添烦恼。

庚亮是东晋名士，他有一匹的卢马，有人告诉他说这是一匹凶马，会对主人不利，应该把它卖掉。可庚亮却认为，"己所不欲，勿施于人"。如果把它卖给别人，不就会对马的新主人不利吗？怎么能因为想要求得自己平安而移祸他人呢？于是，庚亮就自己骑着这匹的卢马，而不让别人冒这个险。

做到了惠己之心惠人还不够,还要学会以责人之心责己。平日里,严格要求别人很容易做到,"你做错了""你不应该这样做""你应该那样做""你应该改"……这样的话语屡见不鲜,我们常常会说这样的话,却很少会去想自己也有着跟对方一样的问题。而受到了苛责的朋友,则会认为我们刻薄,觉得我们是"五十步笑百步"。这样不仅对事情没有一丝帮助,还会影响自己的人际关系。

曹丕是曹操与卞夫人的长子,为人刻薄寡恩,对待任何人都不留情面,在继位这件事情上,更可谓是无所不用其极。

曹操对曹植特别宠爱,多次向身边的人表示,"吾欲立为嗣"。可曹操不知道,他的这些言行在无形中让曹植陷入了危险之中。

曹丕继位后,怕曹植争夺王位,要曹植以"兄弟"为题即兴吟诗一首,但诗中不能出现"兄弟"二字,成则罢手,不成则遭杀身之祸。曹植略加思索,边走边说:"煮豆燃豆萁,豆在釜中泣。本是同根生,相煎何太急!"这便是赫赫有名的"七步成诗"。

曹丕对待兄弟如此,对待手下更是刻薄。公元前197年,张绣对曹操降而复战,致使曹操长子曹昂被杀,后来张绣再降曹操时,曹操不仅不怪罪,还宴请张绣,更与他结成儿女亲家,大封其功绩。公元前207年,张绣跟随曹操去柳城征讨乌桓,还没有到达就死了。

据《魏略》记载,张绣是因为心不自安,自杀而亡。原来,曹丕因曹昂战死之事一直对张绣心存不满,他曾指责张绣说:"你杀了我的兄长,还有什么脸面见人呢!"

其实,"以惠己之心惠人,以责人之心责己"总结下来就是四个字:"将心比心。"给自己谋利益的时候,考虑一下别人是不是也同样需要这份利益;苛责别人的时候,考虑一下对方的感受,反问一下自己是不是就没有不足。

学会"责己惠人"很是重要。孔子反复强调,"己不所欲,勿施于人",其道理是一样的,只不过要反过来理解,"己之所欲,施于人;人之不欲,施于己。"这对于我们修身交友有着极大的帮助。

3. 高贵,是因为其能善待自己身边的一切

1998年,季羡林在一篇文章中写道:"中国或者东方对待大自然的态度或哲学基础是'天人合一'。"宋人张载说得最简明扼要,"民吾同胞,物吾与也"。"与"的意思是伙伴,其意是要我们把大自然看作我们的伙伴。

季羡林还曾表示:"至于人与人的关系,我的想法是:对待一切善良的人,不管是家属,还是朋友,都应该有一个两字箴言:'一曰真,二曰忍。'真者,以真情实意相待,不允许弄虚作假。对待坏人,则另当别论。忍者,相互容忍也。"

四川大学的一位院长与季羡林有着长达二十几年的友谊,他的回忆文章里记述了很多季羡林的往事。他说,在1984年的时候,还在读研究生的他便给季羡林寄了一篇自己的论文,没想到季羡林居然回信了,而且还在信中鼓励他说:"继续坚持下去,必定大有可为。"

面对他这样一位晚辈的拜访,季羡林总是亲自开门迎接。每次离开时,又总是把他送到家门口,挥手道别,直到他远去才关门。这让他感动

不已。

这位院长还记录了一件很有意思的事情："你喜欢猫,我印象中,你家里养了两三只猫,它们总是爬到你的肩上,缠住你的脖子。有一次我的来访,让你的猫乘机从门缝里跑了出去。你大叫一声:'不好,猫跑了!'便叫上我和你的秘书,一块在院子里面追赶,我们一起堵了10多分钟,才把这只猫堵住。"

这段文字,读起来实在让人忍俊不禁,但与此同时,我们也无不佩服季羡林与人为善、与动物为善的品质。

《孟子·公孙丑上》曰:"取诸人以为善,是与人为善者也。故君子莫大乎与人为善。"意思是说,选取学习别人的优点用来完善修补自己,这是和别人一起做善事。所以君子最看重的就是对别人做善事了。儒家强调的与人为善,可以理解为善待他人。古语讲"知易行难",很多人都明白与人为善,可是却都很难做到。

"善"包括了很多方面,如常怀善意、常行善举,甚至宽容大度都算作"善"。道家的老子说:"上善若水。"与人为善者,与水一样能溶解万事万物,化解人间恩仇,能在人际关系中处于无形却又无处不在,能冷却燃烧的怒火,能融化坚硬的冰封。

民国高僧弘一法师曾"怜虫摇椅""为鼠留饭",甚至在遗嘱里叮嘱"火化时别伤了蚂蚁性命"。试想一下,弘一法师对待动物尚且如此,更何况是对人呢? 也因为如此,弘一法师赢得了生前身后众人的尊敬。

面对大千世界百态人生,只要我们坚持自己"善"的初衷,对身边的每一个人友好相待,以微笑示人,自然能够换来别人的"善"报。

东汉末年学者郭林宗,博学聪颖,洞察世事,并且非常注重自己的德行修养。当他看到东汉末的政权黑暗无比、摇摇欲坠之时,便淡于仕途,闭门教学,弟子达数千人之众。郭林宗对每一个学生都视如己出,倾囊相授。

当时有一个学生叫做左原, 他在郡内学习的时候, 因违犯规矩被除名。郭林宗在路上碰到他,竟摆酒宽慰他说:"从前,颜涿聚是梁父的大盗,段干木是晋国的马贩子,后来一个成为齐国的忠臣,一个成为魏国的著名贤士。蘧瑗(春秋先贤)、颜回尚且不能超过他们,何况其他人呢?千万不要因此怀恨在心,检查自己就是了。"左原受感化,三拜而去。

有人指责郭林宗和恶人往来甚密,他回答说:"一个人如果不好的话,对他过分憎恶,便会促使他作乱。"

后来,左原又忍不住心中的怨气,要结伙去报复其他学生。那天,郭林宗正好在学校,左原因违背了以前的许诺而羞愧离去。此事传出去后,众人都对郭林宗又是感到惭愧,又是大为佩服。

郭林宗去世之时年仅42岁,有上千来自四方的人士参加他的葬礼,大学士蔡邕更是亲撰铭文。事后,蔡邕说:"我一生为人撰碑铭很多,而多有虚饰之辞,唯郭有道之碑铭,文副其实,我毫不愧色。"

明朝礼部尚书杨翥骑驴上朝,邻居家有幼子,见驴便大哭,邻居不敢怨言。此事被杨翥知道后,他立即把驴卖了,步行上朝,只为博小孩一笑。事情虽小,却体现了一个人的善心,体现了一种"你快乐,我更快乐"的善。如果每个人都能够做到与人为善,彼此善意以待,这个社会一定会更加和谐。

4. 慈善是道德积累的开端

季羡林说:"慈善是良好道德的发扬,又是道德积累的开端。一个社会良好的道德风尚,一个人良好的道德修养,不是从天上掉下来的,而是要宣传教育,要舆论引导,更要实践、参与。不管在什么条件下,出于什么动机,只要他参与了,他就开始了他的道德积累。"

在季羡林看来,慈善是具有广泛群众性的道德实践。季羡林生活朴实是众人皆知的,然而对于公益事业,季羡林一向不遗余力,时时刻刻注重累积善缘。慈善可以说是季羡林一生的修身课题。

2007年,季羡林将个人积蓄25万元人民币,全部捐赠给了中国青少年发展基金会,并委托该基金会将这笔资金捐赠到有需要的学校。经过一番细致的考察,季羡林的这笔善款被捐赠到了临清市康庄镇希望小学。

季羡林的人生经历和学术研究虽然与巴蜀学界并无多少交织,但在2008年发生的汶川大地震依然牵动着他的心。当时的季羡林虽然身居病房,却也每天收看电视新闻,关注来自四川灾区的报道,看到动情处,不免潸然泪下,痛心不已。地震发生后,季羡林立刻决定个人捐款20万元人民币,用于帮助损毁学校的灾后重建工作。

孟子说过:"恻隐之心,仁之端也。"恻隐之心,人皆有之。由此发出的帮助别人的行动就是慈善,也就是道德的积累。慈善能做什么?能让贫者居有所、饥有食、病有医的行为就是慈善,而这种于社会有益的作为就是道德。

乐善好施是中华民族的传统慈善精神。老子曾经说过："重积德则无不可。"中华民族凭借这种慈善精神，将解人之难、济人之困作为一种快乐和追求，作为一种行为习惯和生活方式。

季羡林在谈慈善的时候说："不管在什么条件下，出于什么动机，只要我参与了，我就开始了我的道德积累。所以我主张慈善不要问动机。"做慈善不管是为了图个好名声，还是有其他利己的目的都无可厚非，因为慈善只在于行动，我们捐钱捐物，我们救人于"水深火热"之中，只要能为他人做出贡献，就足够了。

很多人都有一颗慈善之心，却在行动上停滞无为。因为做慈善需要付出时间、金钱，于是慈善就变成了一个虚无缥缈的词汇。所以我们才会说慈善是道德的积累，做一次慈善就代表着战胜一次自己的自私，善事做得多了，自私便会越来越少。如此一来，道德自然就变得越来越高。

据《宋史·刘宰传》记载：南宋人刘宰一生乐善好施，他曾任过江宁尉。有一次，刘宰路过观城，恰逢当地遭遇蝗灾。眼见田里的庄稼即将不保，刘宰急忙命令兵士帮助农民灭蝗，这才使得此地庄稼免遭绝收。

宁宗开禧年间，韩侂胄率兵伐金，刘宰认为打仗只会徒耗民力，极力反对北伐。北伐失败后，刘宰因厌倦了官场的生活，便辞官隐居故里。就在刘宰回到家乡后不久，也就是嘉定二年，金坛又发生饥荒。刘宰遂在当地创办了中国历史上第一个私人粥局，救济灾民。

此后几年内，刘宰又两次设立粥局。据史料记载，每天受到粥惠的老百姓超过万人。此外，在隐居的30年里，刘宰还在家乡设置义仓，创立义役。只要乡里有人无地可种，或者无家可归，刘宰一定会倾力相助，把对方当成自己家人一样看待。

嘉熙三年，刘宰去世。他出殡的那天，当地百姓"罢市走送"，人群绵延数十里，"人人如哭其私亲"，足见当地老百姓对他的爱戴之情。朝廷为奖刘宰善义,赐谥号"文清"。

台湾有座著名的佛光山,其所涉慈善项目众多,包括医疗服务、养老育幼、辅导教化、社会关怀、临终安慰等,多年来为老百姓做出了巨大的贡献。当地百姓无人不说佛光山的好,而佛光山也因此被视为佛教重地。这就是慈善的力量,在我们给别人做出了贡献的时候,对方也同样会念及我们的好。战国时期,范蠡功成身退后,做生意赚取千金家财,可是他却为乡民"三散其财",后世赞他是"富好行其德者"。

《墨子》有云:"利人乎即为,不利人乎即止。"其意简单却寓意非凡,"赠人玫瑰,手有余香",做慈善不仅可以让更多的人得到帮助,还可以提升自己的个人道德水平。一个人能够舍弃时间与金钱,付出极大精力帮助别人,不管此人出于什么目的,他在道德上一定足以让人信赖。

5. 小善不弃,小恶不为

季羡林在《病中感悟人生》中写道:"一个人只能生一次,这是一个十分难得的机会,不能轻易放过。只要我们能活一天,我们就必须十分珍视这一天,因为它意味着我们又向死亡前进了一天。我们要抓紧这一天,尽量多做好事,少做或不做坏事。"

晋朝人周处,年轻时力气过人,因父亲早逝,无人管教,而性情蛮横,无恶不作,常与人斗殴闹事。当时,长河下有条独角蛟,南山有上只白额虎,经常一起出来危害百姓，因此，人们连同周处在内，将他们称作"三害"。

后来，有人劝周处去射虎斩蛟，他欣然答应。周处先入南山射杀白额虎，接着又下长河，搏蛟历时三天三夜，河水被血染成了红色。三天后，乡亲们以为周处已经死了，纷纷奔走相告，额手称庆。这时，周处居然斩蛟回来。当他看到乡亲们庆贺的不是他射虎斩蛟，而是他的死讯时，才知道乡亲们憎恨自己甚至超过虎蛟，从此决心痛改前非。

于是，周处就去找当时有名的学者陆机、陆云兄弟，他说："我很想改正自己的错误，可无奈年纪大了，恐怕最终不会有什么成就吧。"陆云回答说："古人云'朝闻道，夕可死矣'。何况你年纪尚轻，前途还很远大。"从此以后，周处努力求学修身，最终成为晋朝的一代名臣。

元康七年（公元前297年），周处受命西征齐万年反叛。作战时，杀敌上万，至弓断矢尽，而援兵不至，后浴血战死疆场。周处死后，朝廷追赠他为平西将军，谥号孝。晋惠帝下诏书曰："周徇师令，身膏齐斧。人之云亡，贞节克举。"以赞美周处以身殉国的崇高精神。

俗话说"千里之堤，溃于蚁穴"。任何一件小小的善事都值得做，而任何一件不起眼的恶事都会成为压垮一个人道德的稻草。如同偷盗一样，第一次得手后，心里罪恶感强烈，又害怕露馅，免不得一阵忐忑。可是偷过几次之后，心里便再无罪恶感，甚至心安理得，这就是滑向罪恶深渊的开始。

鲁迅曾说："干损人利己的事是坏人，而干损人又不利己的事，则是坏人之尤者。"所谓"善不积不足以成名，恶不积不足以丧身"，作了一次的恶，便会作更多的恶，而一旦等到危害到自己时，一切都为时已晚了。所以，要学会把恶事扼杀在"摇篮"中。

有的人喜欢做大善事，一下子帮助许多人会很有成就感。可是荀子说："故不积跬步，无以至千里，不积小流，无以成江海。"善本无大小，拯救一个国家与拯救一只搁浅的鱼都是做善事。正是这许许多多的微不足道的小事情积累起来，才能把善扩散到方方面面。

孟子曰："得道者多助，失道者寡助。"我们多帮助别人并且以此为乐，我们的朋友也就会越来越多，若是哪天我们需要别人的帮助，肯定会有无数只援手伸来。倘若我们在别人有困难的时候选择冷眼旁观，又怎么能奢望别人会不计前嫌地来帮助我们呢？

"勿以恶小而为之"比"勿以善小而不为"更为重要，也更有意义。因为不做善事，最多是需要帮助的时候得不到援手；但"积小恶成大恶"，就确确实实是在给别人造成伤害。

《泉州府志》记载：明代泉州有一个人，因在家中排行第五，故人称李五。李五自幼随兄长经商，成年后继承家中产业，家财万贯。李五虽富却不吝啬，每次遇到穷苦的人都会周济些钱粮。

此外，李五还曾多次为家乡泉州的建设慷慨解囊，由他出资兴建的庙宇、桥梁众多，很多至今尚能见到。

李五靠生产、贩卖蔗糖致富。有一年榨季过后，李五将大量的蔗糖储藏在仓库中，正待择日外运出售。忽逢暴雨，连日的大雨冲垮了一座仓库。数日后，当李五清理废墟时，偶然发现有一部分蔗糖因被泥土覆盖而未溶解于雨水，但是李五发现这部分糖却由黑变白，变得异常的甜。受此启发，李五便在制糖过程中，添加了一道工序，由此生意更加兴隆。时人以李五的家乡命名这种糖，这便是著名的"凤池糖"。

明正统九年，李五贩糖至浙江宁波，他听闻鄞县有大量的购糖者，便调运大批凤池糖至当地销售。但是，当李五来到鄞县后却得知，此处正瘟疫肆虐，百姓盛传只有服用泉州产的凤池糖才可治病，故而购者日众，一时间糖价猛涨，凤池糖成为当地奇货。

但是李五并没有借机赚钱，为了让无钱买糖的穷人也得到及时的救治，李五当即决定为民舍糖。由于需求太多，李五便索性找到一口水井，每天将糖倒入井中，任民众自取服用。不久之后，瘟疫果然被根除，鄞县因李五施糖而重享安宁。

为纪念李五，鄞县的人们世世代代将李五舍糖的那口井称为"李五恩公井"。

法国作家亨利·肖曾说道："一个乐善好施的人，随着他不断施舍，会在他身上形成一种越来越强烈的幸福感。"确实，每做一次好事就能给人带去一种幸福感，随着做好事的次数不断增多，一个人的心情就会更加愉悦。

第十六课

孝——心存孝义自感天

1. 百善孝为先

　　季羡林曾经写过一篇叫《赋得永久的悔》的文章,内容是追忆母亲对他的深爱。季羡林自从离家出外求学,就很难与母亲见上一面,以致母亲临终时,都未能见到儿子最后一面,故季羡林对此一直悔恨不已。

　　季羡林一直为自己不能尽孝而自责。他曾写道:"我不忍想象母亲临终思念爱子的情况;一想到,我就会心肝俱裂,眼泪盈眶。当我从北平赶回济南,又从济南赶回清平奔丧的时候,看到了母亲的棺材,看到那简陋的屋子,我真想一头撞死在棺材上,随母亲于地下。我后悔,我真后悔,我千不该万不该离开了母亲。世界上无论什么名誉,什么地位,什么幸福,什么尊荣,都比不上待在母亲身边,即使她一个字也不识,即使整天吃'红的'。"

季羡林曾自责道："我这永久的悔就是：不该离开故乡，离开母亲。'永久的悔'莫过于这种天人永隔的悔恨，再也无法弥补自己的错误，再也无法献上自己的深情厚谊。"

"百善孝为先"，把孝放在一切善行之首，其用意可见一斑。自古以来，孝是中国文化中至关重要的一环。周朝建立礼乐制度，其中最重要的一条就是"祭祀丧服"，也就是祭拜祖先以及为长辈守孝，以提倡"家"这一概念，由此才能让孝推广开来。

孔子曾教导弟子说："夫孝，德之本也，教之所由生也。复坐，吾语汝。身体发肤，受之父母，不敢毁伤，孝之始也。立身行道，扬名于后世，以显父母，孝之终也。夫孝，始于事亲，中于事君，终于立身。"孔子把孝看得非常重，说它是"德之本"，并由此延伸出行孝才能对他人有所贡献，实现自己的价值这一观点。

《增广贤文》里说："羊有跪乳之恩，鸦有反哺之义。"动物尚且如此，更何况人呢？一个人出生在这世界，由父母抚养长大，并给予教育和爱。及至成年，父母老了，难道不应该由我们来照顾吗？一个人如果连至亲的父母都不能孝顺，不知关爱，那这个人还有什么感情可言？

闵损，字子骞，春秋时期鲁国人，孔子的弟子，在孔门中以德行与颜渊并称。孔子曾赞扬他说："孝哉，闵子骞！"闵损生母早死，父亲娶了后妻，又生了两个儿子。继母对闵损不好。冬天，两个弟弟穿着用棉花做的冬衣，而他的棉衣里面却是干巴巴的芦花。一天，父亲出门，闵损牵车时因寒冷打战，将绳子掉落在地，遭到父亲的斥责和鞭打，芦花随着打破的衣缝飞了出来，父亲这才知道闵损受到虐待。父亲返回家，要休逐后妻。闵损跪求父亲饶恕继母，说："留下母亲只是我一个人受冷，休了母亲三个孩子都要挨冻。"父亲十分感动，就依了他。继母听后，悔恨知错，从此对待他如亲子。

不仅百姓要行孝,就算是皇帝也要行孝。

汉文帝刘恒是汉高祖第三子,为薄太后所生。吕后八年即帝位。他以仁孝之名,闻于天下,侍奉母亲薄太后从不懈怠。母亲卧病三年,他常常目不交睫,衣不解带;母亲所服的汤药,他总是亲口尝过之后才放心让母亲服用。他在位24年,重德治,兴礼仪,注意发展农业,使西汉社会稳定,人丁兴旺,经济得到恢复和发展。他与汉景帝的统治时期被誉为"文景之治",死后谥号"孝文皇帝"。

在科举制度未出现之前,由汉武帝设立的"孝廉制度"在我国影响极深。所谓"孝廉制度",就是说一个人要想当官,首先要孝顺父母,才能被人推举,再进行考核。古人通过孝来考察一个人的人品,由此可见,孝是多么的重要。

《史记》中说:"夫天者,人之始也;父母者,人之本也。人穷则反本,故劳苦倦极,未尝不呼天也;疾痛惨怛,未尝不呼父母也。"意思是说,人在遇到困难和伤痛的时候,没有不呼喊父母的。可以说,父母是我们人生中至关重要的人,他们在我们小的时候给予我们无限的爱与帮助,我们受了委屈,想吃什么,想要什么,只要找父母总能得到解决。所以,当我们有能力之时,反过来孝顺父母,照顾他们安度晚年,是很自然而然的事情。

对于孝这种中华民族的传统美德,我们要继承下来。可以说,懂得孝顺父母也算是懂得了国学精神的一部分。

2. 行孝宜趁早，莫等人去空悲切

季羡林曾无数次慨叹道："一个缺少母爱的孩子，是灵魂不全的人。我怀着不全的灵魂，抱终天之恨。一想到母亲，就泪流不止，数十年如一日。"

季羡林在《我的母亲》一文中写道："在清华大学念书时，母亲突然去世。我从北平赶回济南，又赶回清平，送母亲入土。我回到家里，看到的只是一个黑棺材，母亲的面容再也看不到了。"

1917年，季羡林6岁，离开故乡，离开生养自己的父母，到济南求学。在此后的14年时间里他只回过三次家，见母亲的次数少之又少。

进了清华后，季羡林的梦想是：再过两年，我大学一毕业，由于出身一个名牌大学，抢一只饭碗是不成问题的。到了那时候，自己手头有了钱，我将首先把母亲迎至济南。她才40来岁，今后享福的日子多着哩。

结果，一张"母病速归"的电报打破了他的美梦。匆匆回到家中，季羡林才知道母亲已经走了，他如遭晴天霹雳，昏迷了半晌，又躺在床上哭了一天，水米不沾。

季羡林在文中对自己进行过深深地谴责："在长达八年的时间内，难道你就不能在任何一个暑假内抽出几天时间回家看一看母亲吗？家中只剩下母亲一个人，孤苦伶仃，形单影只，而且又缺吃少喝，她日子是怎么过的呀！你的良心和理智哪里去了？你连想都不想一下吗？你还能算得上是一个人吗？"这样的文字处处滴血，读起来让人不禁悲从中来。

孔子曰："未能事人，焉能事鬼？"说得残酷一点，子女在父母生前都不

243

能好好地孝顺,去世后烧再多的纸钱也没用,再哭天抢地也没用,再谈及自己多爱父母也没用。孔子说的这八个字虽简洁,却字字锥心。

《韩诗外传》里有一句名言:"树欲静而风不止,子欲养而亲不待。"大家都懂得孝顺父母,可是心中抱有的想法却跟季羡林一样,等自己如何如何了,就好好孝顺父母。然而任何事情都能等待,父母的老去却不能阻止。很多人想通过自己的奋斗让父母过上更好的生活,这本无可厚非,但是如果在这一过程中忽略了父母,甚至因为工作忙而长时间不见父母,则是有违孝道的。

父母年迈,身体并不健康,若真的哪一天突然离去,做儿女的即便是给父母带回了丰厚的物质享受,父母也看不到了,这样岂不悲哀?其实父母并不需要儿女们回报以锦衣玉食,他们要的只是儿女们能常回家看看。

《常回家看看》这首歌为什么能一夜间传唱至大江南北,而且经久不息,原因就在于它道出了无数父母的真切心愿。父母不图儿女给自己买多大的房子,只要他们能常常回家,陪自己聊聊天,大家经常坐在一起吃饭,便已经心满意足了。而让父母开心,不就是孝的最本质目的吗?

冰心在《纸船寄母亲》中写道:"母亲,倘若你梦中看见一只很小的白船儿,不要惊讶他无端入梦。这是你至爱的女儿含着泪叠的,万水千山,求他载着她的爱和悲哀归来。"及时行孝,莫让父母在孤独中老去,莫让父母在期盼儿女归来中老去。

《韩诗外传》记载:孔子出行,听到有人哭得十分悲伤,便赶过去一看究竟,只见一个人身披粗布,手抱镰刀,在道旁哭泣,这个人叫皋鱼,孔子问道:"您为什么哭得如此悲伤?"

皋鱼回答说:"我有三个过失:年少时为了求学,周游诸侯国,没有把照顾亲人放在首位,这是过失之一;为了我的理想,再加上为君主效力,没有很好地孝敬父母,这是过失之二;和朋友交情深厚却疏远了亲人,这是过失之三。树想静下来,可风却不停;子女想好好赡养父母,可父母却不在了!过去而不能追回的是岁月,逝去而再也见不到的是亲人。请允许我去陪伴逝去的亲人吧。"于是站立不动,枯槁而死。

孔子对弟子们说:"你们要引以为戒,这件事足以使你们明白其中的道理!"当即辞行回家赡养双亲的门徒有13人。

孔子的另一著名弟子仲由,也就是子路,为人虽好勇力,但对双亲非常好。他家境贫穷,只能吃藜菜、豆类植物的叶子,为了让双亲吃上米,他便跑到百里之外去购买,然后再背回来。双亲过世之后,子路当上了官,锦衣玉食并不能让他高兴,他常常说:"现在再想为父母背米是不可能了。"

孝顺父母是不能等待的,要从现在就做起的,无论我们是否成功,是否成家立业,是否工作繁忙,都应该找时间多陪陪父母。当你看着父母日渐繁多的白发时,如何能够忍下心不陪陪他们,莫要等到亲人离去,让自己空留遗憾。

3. 懂得报答养育之恩

对于父母的养育之恩,季羡林深深地记在心里,他是真的想用全部精力来报答父母,只可惜他们离去得早。季羡林曾说:"我国现存最早的汉字文献资料,殷商甲骨卜辞之中已有'孝'字,报答父母的养育之恩就是孝的直接体现。"

　　1946年，季羡林留德10年后，终于与叔父、婶母以及自己的妻子、儿女团聚了。这位婶母是他离家求学后，叔父续娶的，是一个有个性、有脾气的人。季羡林初回到家时，婶母是斜着眼睛看他的，这当然与他十多年求学离家、感情疏离有关。季羡林知道自己欠家人太多，在叔父去世后，他便将婶母接到北京大学的朗润园居住，婶母曾不止一次地说："这一家都是很孝顺的。"

　　季羡林因未能孝养父母而心有惭愧，于是他将所有情感都转移到婶母身上，他唯一的心愿就是让婶母安度晚年。

　　《诗经》有云："父兮生我，母兮鞠我，拊我蓄我，长我育我，顾我复我，出入腹我。欲报之德，昊天罔极。"意思是说，父母生下我，养育我，把我喂大，又教育我，出入都抱着我，我要报答父母的恩德，这恩德比天还大。这段话表达的其实是子女对父母的感恩之情。

　　父母的恩德难以报答，就算尽心行孝都报答不完，却还是有人将父母的养育之恩弃之不顾。不置可否地说，现实中有很多人不懂得报答父母的养育之恩，成家立业后便疏离父母，多年不与相见，更有甚者对父母言辞恶劣，甚至还会动手殴打父母。孔子认为这样的人根本不配做人，孔子说："父母含辛茹苦养育十几年，反过来却恶劣待之，这样不懂得感恩的人，难道还能指望他去感恩其他的人吗？"

　　儒家思想把孝顺父母、报答父母的恩德当成是一个人做人的根本，也是"仁"的根本。在《论语》中，有关"孝悌"的章节多达16处。由此可见，古人对孝的重视。

　　关于不孝，孟子说过："世俗所谓不孝有五：惰其四肢，不顾父母之养，一不孝也；博弈好欲酒，不顾父母之养，二不孝也；好货财，私妻子，不顾父母之养,三不孝也;从耳目之欲,以父母戮,四不孝也;好勇斗狠,以危父母,五不孝也。"

《未生冤经》上说:"夫善之极者,莫大于孝;恶之大者,其唯害亲。"在古代,如果有人被冠以"不孝"之名,那这个人不仅自己会羞愧难当,其他人也会疏远他。而且古代刑法对于不孝者加以严惩,历代如此。在明代,如果有人不孝顺父母,父母即可报官,官府会直接逮捕不孝子。

民间一直流传着一个古代传说。

明朝正德年间,平阳有个叫周振的人,此人性格乖张暴戾,自恃有几分才气,便狂妄骄横,常常为了家中的琐事辱骂父亲。他的父亲因年老体弱,没有力量反抗,只好默默忍受。

周振常常给老父亲吃剩菜剩饭,甚至有的时候出游十几天都不回家,根本不去管老父亲的死活,伤心的老父亲经常暗自垂泪。

有一天,周振无缘无故打骂儿子。老父亲见他打小孙子,心疼不过,就来劝阻。周振竟然一边发怒地说:"我打我的儿子关你什么事?他又不是你生的!"一边对老父亲连推带搡。

夜晚周振做梦,梦见他被抓到阴间,阎王罚他变成毛驴。周振急忙为自己申辩。阎王斥责说:"你常常辱骂父亲,忤逆不孝,应该堕入畜生道。而且由于你狂妄自大,旁若无人,所以还要蒙上你的眼睛,使你推磨挨鞭打。"

周振猛然惊醒,一身冷汗。天明后,他只说了句"要做驴去",接着就死了。

唐代诗人孟郊曾写下《游子吟》一诗:"慈母手中线,游子身上衣。临行密密缝,意恐迟迟归。谁言寸草心,报得三春晖。"的确,子女们的寥寥寸草之心,不足以报答父母春晖般的恩德,所以,尽心尽力行孝才是根本。

4. 要肯定父母的贡献

　　季羡林曾多次表达过婶母对于家庭的重要性。1935年,季羡林的家庭几近破产,而他却得到了留学德国的机会,他说:"我并没有什么凌云壮志,只不过是想苦熬两年,镀上一层金,回国来好抢得一只好饭碗,如此而已。焉知两年一变成了11年。如果不是老祖苦苦挣扎,摆过小摊,卖过破烂,勉强让一老:我的叔父;二中:老祖和德华;二小:我的女儿和儿子,能够有一口饭吃,才得度过灾难。"这里的老祖便是他的婶母。

　　季羡林在北京大学工作期间,曾给暂住济南的婶母写了一封长信,称婶母是"老季家的功臣"。对此,婶母非常高兴。她见了自己的娘家人,便说季羡林一家人都很尊敬她,爱戴她,亲切地叫她"老祖"。

　　父母亲们多年老体衰,赋闲在家,而且常常给儿女们添麻烦,他们心里其实会产生一种拖累儿女的愧疚感,这样做无益于他们的晚年生活。作为子女,不应该只是考虑到父母的衣食住行是否足够,还要考虑他们的精神世界是否愉悦,生活是否开心。

　　有很多父母会因为自己的退休而感觉自己"无能",觉得自己毫无作用。有的儿女不让老人干一点活,如洗衣服做饭之类的事情,因此会加重父母的这种无用感。所以,儿女们要学会肯定父母的贡献,把他们摆到一个不可或缺的位置,让他们觉得自己能为家里做出的贡献很大,是家里的功臣。这样一来,父母心中的存在感会持续提高,自然能够生活得更加开心。

　　有的父母,觉得儿女年纪轻,做事草率、毛手毛脚的不稳重,免不了会叮嘱几句。若这个时候,儿女不耐烦地表示:我已经长大了,你的老思维已经落后了。这同样会让父母产生失落感。所以,在面对父母的善意的唠叨时,不妨流露出"您真是越老越有智慧,我怎么想不到呢"的思想,父母一定会很开心,说上一句:"你小子要跟我学的还多着呢。"这就是在满足父母的成就感。

还有的父母,年轻的时候做过一些很辉煌的事情,他会跟子女、后辈一次又一次地讲述,其实他不是在炫耀,只是想找到成就感,不想让自己变得老而无用。作为子女,不妨在这个时候仔细听听老人的讲述,哪怕已经听过了不知多少遍,因为他们能在这一过程中找到自己的自信。

满足父母的成就感很简单,让他们适当地做一些不累的家务活,在他们做了可口的饭菜或者糕点的时候,赞扬几句,做法虽简单,却会让父母心里得到无限的满足。

汉代梁州人韩伯愈是个出了名的大孝子。韩伯俞的母亲对他管教非常严格,稍有小错,便拿起身边的手杖打他,可是韩伯愈每次都虚心接受母亲的责打,甚至跪着接受母亲的教训,从来没有丝毫怨言。

有一天,韩伯愈又犯了错,母亲拿出拐杖责打他。可打着打着,韩伯俞却忽然大哭起来,他的母亲觉得很奇怪。问他道:"从前打你的时候,你总是和颜悦色地受着。没有一次流眼泪的。今天为什么哭了起来呢?"

韩伯俞饱含悲伤地说:"从前儿子有了过失的事,母亲打我的时候,我是觉得很痛的,晓得母亲的身体很康健。今天打我的时候,母亲的力量不能使我觉得痛了,我想母亲的精力已衰,恐怕以后的日子不多了,所以不觉得悲伤着哭起来了。"

父母越到年老越渴望被子女重视,好让自己仍旧"老有所用"。爱父母就要体贴到他们的精神世界,明白他们真正需要的是一种尊重,一种仍能给家里做贡献的倔强。懂得了这一点后,子女再"投其所好",给予父母充分的肯定与信任,让他们明白我们离不开他们,想必他们的晚年一定会非常充实、愉悦吧。

5. 形式上的孝不是真正的孝

季羡林说："有时候家人朋友团聚。食前方丈，杯盘满桌。烹饪都由老祖（婶母）和德华主厨。饭菜上桌，众人狼吞虎咽，她们俩却往往是坐在一旁，笑眯眯地看着我们吃，脸上流露出极为愉悦的表情。"季羡林的孝体现在他知道老人需要什么才能快乐，对于他的婶母来说，给家人做饭便是最高兴的事，于是季羡林便放手让她去做。

季羡林称自己的婶母为"老祖"。叔父去世以后，他便把老祖与妻子从济南接到北京。季羡林说："我们一起生活了将近30年，一直你尊我敬，从没有半点龃龉。自从我六岁到济南以后，六七十年来，我们家从来没有吵过架，这是极为难得的。"

季羡林的孝顺并不仅仅体现在行动上，他知道老祖喜欢什么，需要什么。他知道老祖干了一辈子活儿，一旦停下来就会浑身难受。老祖身体健康，手脚麻利，于是季羡林便只请了一个小时工帮助老祖收拾卫生、做饭。

季羡林称："老祖天天背着一个大黑布包，出去采买食品菜蔬，都成了朗润园的美谈了。"

老祖晚年生活很是幸福，每天的心情都非常愉悦，后来以90岁的高龄离开人世。季羡林说："我想她是含笑离开的。"

在有些人看来，父母年老了，不能自食其力，做儿女的只要在物质上满足他们，让他们吃穿不愁，也就算报答他们的生育之恩了。《论语·为政》记载，子由向孔子问"孝"。孔子说："今之孝者，是谓能养。至于犬马，皆能有养。不敬,何以别乎!"意思是说,许多人认为孝就是能养父母,让父母吃饱。其实养狗养马也要让它们吃饱,如果只是给饭吃而不能真正地孝敬父母,那跟养狗养马又有什么区别。

孔子强调"敬",他认为仅仅"能养"是远远不够的,孝敬父母应既养又敬。在家不仅应主动承担家务劳动,减轻父母的家务负担,而且应从思想上,尊重父母意见和教导,经常把生活、学习、思想情况告诉父母。不管是外出还是回家,向父母打招呼。在外地读书或工作,经常写信或电话汇报情况,也要经常回家看看,免得父母挂心。

《礼记》中说:"孝有三,大尊尊亲,其次弗辱,其下能养。"意思是说,奉养父母是最低等的一种孝顺。现代社会,生活节奏加快。孝顺这个词已经完全变得物质化。在很多现代人看来,孝顺就是让父母过上好日子,吃好穿好。因此现在的年轻人多选择在外赚钱,然后按月给自己的父母寄钱,以为这样父母就会很开心。这样的人往往一年难得回家看望父母一回,每次回家还会因为工作上的不顺心而摆起一副臭面孔。物质化的孝顺是完全流于形式,流于表面的,父母难以从这样的孝顺中感受到来自儿女的关心。

还有的人,给父母买了大房子,好让父母过好日子,父母二人对坐于空荡荡的大房子里,四周一点活跃的气氛也没有,不是更让父母感到孤独寂寞吗?这种流于形式的孝,根本不能让父母开心,只是满足了儿女自以为是的孝心,殊不知完全本末倒置。

北魏有一个人叫李彪,出生那年家乡正闹灾荒,父亲出海打鱼时赶上风大浪急,从此一去不回,而母亲也因生他时不幸难产致死,邻人李钦夫妇将他抱回抚养,起名李彪。李彪并不知道自己的身世,只知道每天埋头苦学经书。八岁那年,养母身患重病,不久身亡。养父李钦为了养家糊口,开始挑担贩姜。有一天在街上,一个算卦的人对李钦说,他收养的儿子李彪命毒,克死了亲生父母,又克了义母。李钦害怕起来,他心想:恐怕下一个就是我自己了!

李钦回到家后,就把李彪的身世告诉了他,接着抡起木棍硬逼李彪离家。李彪痛哭流涕,跪在养父面前苦苦哀求,让父亲不要听信传言,他说他即便不是李家的亲生子,他也一定会像亲生的一样孝敬父亲。李彪将额头都磕破了,李钦依旧不听,生拉硬拽地将他赶了出去。从此,李彪就成了沿街乞讨的流浪孤儿。

李彪不善言语,却笃志好学,怀揣经书讨饭。虽然被养父赶出家门,但他不恼不恨,每天把剩余的干粮积攒下来,隔一天往老家送一趟。李钦不让他进门,他就把干粮放在门口。后来李钦身患重病卧床不起,李彪就把讨来的馍馍送到床前,靠讨饭养活他。此孝行不仅感动了李钦,同时也感动了当地的百姓。

此时正当政的孝文帝,素来以孝治天下,李彪因此被举为孝廉,官居秘书丞,参著作事,后迁御史中尉。后来,李彪还乡后,著有《春秋》三传,共计十卷,诗赋杂笔百余篇,永被后人瞻读。

"孝顺"一词,从字面上看,除了"孝"以外,还有一个"顺"字,其意是说,要顺从父母的意志,"孝子之养也,乐其心,不违其志"。传说,春秋时期有个老才子,对父母极其孝顺,70岁了还会穿着彩色衣服,扮成幼儿,引父母发笑。老才子贫穷,没有能力给父母物质上的享受,却能够逗父母开心,始终在父母身边。这样的孝才是一种真正明白父母所需的孝。